Raymond Williams

Cornelsen English Grammar

Grundausgabe

Englische Grundstrukturen im Überblick

W0280778

Cornelsen

Cornelsen English Grammar – Grundausgabe
Englische Grundstrukturen im Überblick

von
Raymond Williams, York

Beratung:
Johannes Berning, Münster; Michael Finkenstaedt, München; Dr. Klaus Hinz, Düren;
Rose Stührmann, Weingarten; Herbert Willms, Herford

Verlagsredaktion: Roderick Cox

Grafik: Roy Schofield, Cheam
Layout: Raymond Williams

Ergänzend zu der vorliegenden Grammatik gibt es das
Cornelsen English Grammar – Grundausgabe – *Practice Book*
(Best.-Nr. 44971).

1. Auflage – 4. Druck 1993
Alle Drucke dieser Auflage können, weil untereinander unverändert, im Unterricht nebeneinander verwendet werden.

©1989 Cornelsen Verlag, Berlin

Das Werk und seine Teile sind urheberrechtlich geschützt. Jede Verwertung in anderen als den gesetzlich zugelassenen Fällen bedarf deshalb der vorherigen schriftlichen Einwilligung des Verlages.

Druck: Adolph Fürst & Sohn, Berlin

ISBN 3-464-04499-8
Bestellnummer 44998

Inhalt

Der Satz

Hier werden einige *Satzarten* und *Satzteile* beschrieben. Zu *Befehlssätzen* siehe Seite 18. Eine Liste mit *Wortarten* und englischen Entsprechungen findet sich auf Seite 75.

Satzarten

Der Aussagesatz

Ein Aussagesatz (*statement*) informiert über das, was jemand tut oder wie etwas ist.

Sue rides a moped. I always work hard. The weather was good.

Der verneinte Satz

Ein verneinter Satz (*negative sentence*) gibt Informationen über das, was jemand nicht tut oder was nicht der Fall ist.

Tim doesn't smoke. I can't cook. The game wasn't exciting. ➔ Seite 53

Der Fragesatz

Mit Fragen (*questions*) werden Informationen eingeholt.

Can he dance? Are you angry? Do you know Tim's address? ➔ Seite 52

Beachte:

Einfache und komplexe Sätze

Einfache Sätze kann man zu komplexen Sätzen miteinander verbinden.

Pat went to the club. She played tennis. ➔ Pat went to the club and played tennis.

Weitere Informationen zu komplexen Sätzen finden sich auf Seite 63.

Satzteile

- **Der Satzgegenstand (Das Subjekt) sagt aus, wer bzw. was etwas tut oder ist.**
  My mother is reading *World* magazine. **That car** is a new model.
  The cat drank the milk. **Mr Mills** became a nurse.
- **Die Satzaussage (Das Prädikat) beschreibt einen Zustand oder eine Handlung.**
  I **like** space films. Sam **cooked** a meal.
  Mrs James **has painted** the door. Dave **is washing** his hair.
- **Die Satzergänzung (Das Objekt) drückt aus, worauf die Tätigkeit zielt.**
  My father is watching **a TV programme**. Vicky is writing **a letter**.
  The dog chased **the cat**. I'm going to buy **some flowers**.

Beachte:

Sätze mit zwei Ergänzungen

Auf Zeitwörter wie *give, send, bring, write* können zwei Satzergänzungen folgen.

Die eine Satzergänzung bezeichnet, *was* gegeben, geschenkt, geschrieben wird.

I gave my teacher **a book**.	The phone company has sent us **a bill**.

Die andere Satzergänzung bezeichnet, *wem* etwas gegeben, geschenkt, geschrieben wird.

John sent **me** a present.	The doctor gave **the patient** a tablet.

Im Deutschen verwendet man für diese zweite Satzergänzung den Wemfall. Im Englischen wird sie durch die Wortstellung (*word order*) angezeigt. Sie steht an erster Stelle.

Sally brought **her mother** the newspaper.	*Sally brachte ihrer Mutter die Zeitung.*
Jack lent **his friend** a CD.	*Jack lieh seinem Freund eine CD.*

Man kann statt dessen mit *to* hinzufügen, wem etwas gegeben, geschickt wird.

Jack sent a letter.	*Jack schickte einen Brief.*
Jack sent a letter **to the firm**.	*Jack schickte der Firma einen Brief.*
I gave ten pounds **to the assistant**.	*Ich gab dem Verkäufer zehn Pfund.*

Die Wortstellung

In Nichtfragesätzen gilt: Satzgegenstand – Satzaussage – Satzergänzung.

Satzgegenstand	Satzaussage	Satzergänzung
The dog	ran.	
My sister	loves	cocoa.
The boys and girls	were playing	volleyball.

Satzaussage und Satzergänzung bleiben immer zusammen.
- **Ortsangaben (Wo?) folgen danach.**
- **Zeitangaben (Wann?) finden sich ganz am Ende oder am Anfang des Satzes.**

Wann?		Wo?	Wann?
	The dog ran	around the garden	yesterday.
	We have lunch	at home	at the weekend.
At the weekend	we have lunch	at home.	
	The shop closes		at 5.30.

Beachte:

Zeitangaben über Häufigkeit

Zeitangaben wie *often, sometimes, never, usually* stehen meist direkt vor dem Hauptzeitwort.

It **often rains** in England.	*Es regnet oft in England.*
We **sometimes go** to the cinema.	*Wir gehen manchmal ins Kino.*
Mum can **never find** her passport.	*Mutti kann ihren Paß aber auch nie finden.*

Das Hauptwort

Das Nomen

Zählbare und nichtzählbare Hauptwörter

Viele Hauptwörter *(nouns)* bezeichnen etwas, das mehrfach vorhanden sein kann. Sie sind *zählbar* und haben eine Mehrzahlform. *Nichtzählbare* Dinge haben keine Mehrzahl.

Zählbare Hauptwörter:

books

trees

children

cats

Nichtzählbare Hauptwörter:

butter

water

furniture

luck

Die Mehrzahlform

Der Plural

Bei den meisten Hauptwörtern wird in der Mehrzahl (*plural*) die Endung *-s* angehängt. Die Aussprache der Endung hängt vom vorhergehenden Laut ab.

[z] **nach stimmhaften Lauten:** dogs, chairs, tins, girls, doors, days, shoes
[s] **nach den stimmlosen Lauten** [ʃ], [t], [k], [p], [θ]**:** books, cats, lamps, dentists, months
[ɪz] **nach den Zischlauten** [z], [s], [ʃ], [dʒ], [tʃ]**:** cages, noses, dishes, matches, classes

Beachte:

1 **Die Schreibweise**

- Nach den Zischlauten schreibt man *-es*:
  bus - bus**es** church - church**es** brush - brush**es** box - box**es**
- Bei Hauptwörtern, die auf Mitlaut + *y* enden, schreibt man in der Mehrzahl *-ies*:
  family - famil**ies** country - countr**ies** city - cit**ies** hobby - hobb**ies**

2 Hauptwörter ohne Mehrzahlform

This **information** is interesting. — *Diese Informationen sind interessant.*
The **homework** is difficult today. — *Die Hausaufgaben sind heute schwer.*

Weitere Beispiele: furniture, progress, damage, news, advice.

3 Hauptwörter mit besonderer Mehrzahlform

child - **children**	man - **men**	woman - **women**	person - **people**
mouse - **mice**	penny - **pence**	foot - **feet**	tooth - **teeth**
knife - **knives**	wife - **wives**	tomato- **tomatoes**	sheep - **sheep**

4 Hauptwörter ohne Einzahlform

Für die Bezeichnung von einigen Gegenständen gibt es im Englischen keine Einzahlform (*singular*).

I need some new **glasses**.
Ich brauche eine neue Brille.

My white **trousers** are dirty.
Meine weiße Hose ist schmutzig.

Weitere Beispiele:

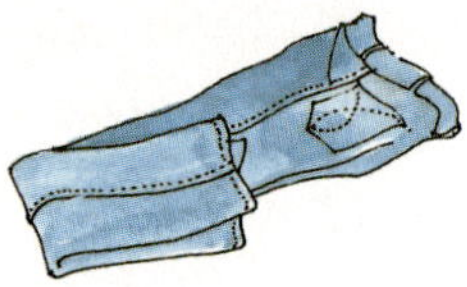

jeans

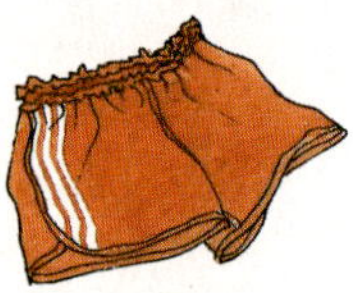

shorts

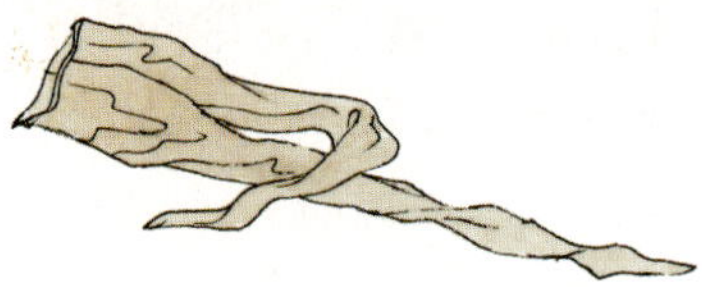

tights

pyjamas

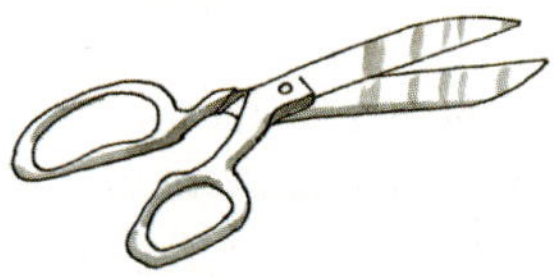

scissors

swimming trunks

Wenn man von mehreren Gegenständen reden will, gebraucht man den Ausdruck *pair of*.

a pair of glasses

three pairs of glasses

I'm taking two pairs of pyjamas with me. — *Ich nehme zwei Schlafanzüge mit.*
I'd like two pairs of grey tights. — *Ich möchte zwei graue Strumpfhosen.*

Die Besitzform

Der Genitiv

Mit der Besitzform zeigt man an, wem etwas gehört. Dafür gibt es im Englischen zwei Möglichkeiten: mit der Endung *'s / s'* oder mit *of*.

Jill's birthday present

the pupils' books

the roof of the house

Besitzform mit der Endung *'s / s'*

Bei Hauptwörtern in der Einzahl hängt man die Endung *'s* an das Wort.

Alan's room isn't very big.
My brother's dog is very friendly.
The manager's office is on the left.
This is my mother's car.

Bei Hauptwörtern in der Mehrzahl, die bereits auf *-s* enden, wird kein zweites *-s* angehängt, sondern nur ein Apostroph (').

The **girls'** bikes were in the garden.
The Johnsons' new flat is very modern. They moved in last week.
My brothers' hobbies are very different. Mark likes fishing and Steve likes painting.
The customers' toilets are on the third floor of the department store.

Besitzform mit *of*

The screen **of the computer** was broken.
The doors of the rooms were open.

Gebrauch

1. Bei Menschen und anderen Lebewesen gebraucht man die Besitzform mit *'s / s'*

Ann's lunch	Hillsea Boys' Club	the girls' teacher	the dog's ball
the children's toys	my friend's stereo	Tim's photo	Mrs Hall's car

2. Die Besitzform mit *of* gebraucht man meist bei Gegenständen:

the front wheels of the car	the name of the large town
the leg of the table	the best match of the day

3. Die *of*-Form wird auch bei Maßen, Mengenbezeichnungen und Behältnissen gebraucht:

a bottle of wine	a packet of biscuits	a can of lemonade	a box of nails
two metres of cloth	a pound of apples	a kilogram of flour	a litre of petrol

Der Begleiter

Der Artikel

Oft wird der Begleiter (*article*) wie im Deutschen gebraucht. Es gibt aber einige häufige Abweichungen vom deutschen Sprachgebrauch, die man kennen sollte.

Der bestimmte Begleiter

Der bestimmte Begleiter heißt *the*:

the cassette	the name	the woman	the green tree
the new video	the USA	the boys and girls	the people

Beachte:

Die Aussprache von *the*

Wenn der darauf folgende Laut ein Selbstlaut ist, wird *the* als [ðiː] gesprochen. Dadurch kann man beim Sprechen die Wörter miteinander verbinden.

the answer [ðiː_ˈɑːnsə]　　the old car [ðiː_əʊld kɑː]
the easy way [ðiː_ˈiːzɪ weɪ]

Dabei ist die Aussprache, nicht die Schreibung des ersten Lautes maßgebend:
the hour [ðiː_ˈ**aʊə**]

Der unbestimmte Begleiter

Der unbestimmte Begleiter heißt *a* oder *an*.

Der Begleiter *a* wird verwendet, wenn der darauf folgende Laut ein Mitlaut ist.

a flat　　a day　　a bad accident　　a young man

Merke: Die *Aussprache* des ersten Lautes ist maßgebend: a uniform [ə ˈjuːnɪfɔːm]

Der Begleiter *an* wird verwendet, wenn der darauf folgende Laut ein Selbstlaut ist. So kann man die Wörter verbinden und leichter aussprechen.

an orange　　an industry　　an unfriendly waiter　　an easy exercise
a comic *aber* **an** English comic　　a green apple *aber* **an** apple

Beachte: an hour [ən ˈaʊə]

Bei Hauptwörtern in der Mehrzahl wird der unbestimmte Begleiter weggelassen oder aber durch *some* ersetzt. Vergleiche auch Seite 56.

Einzahl	Mehrzahl
A boy and a girl played tennis.	**Boys and girls** played tennis. **Some boys and girls** played tennis.
There is a book on the table.	There are some books on the table.

Beachte:

1 Angaben über Beruf, Nationalität, Religion

Bei solchen Bezeichnungen verwendet man den unbestimmten Begleiter:

Alan's mother is **an** electrician.	*Alans Mutter ist Elektrikerin.*
I'd like to be **a** secretary.	*Ich möchte gerne Sekretärin werden.*
I think Anna is **an** American.	*Ich glaube, Anna ist Amerikanerin.*
My grandmother was **a** Catholic.	*Meine Großmutter war Katholikin.*

2 Feste Redewendungen mit *a*

Dave has got **a headache** / **a cold** / **a temperature**.
I can't talk to you now. I'm **in a hurry**.
I think I'll **have a wash** / **a bath** / **a shower**.
A hundred / **A thousand** people were at the meeting.

Welche häufigen Ausdrücke sind *ohne* Begleiter?

In einigen häufigen englischen Ausdrücken mit Verhältniswörtern (wie *to, at, after, in*) gebraucht man gar keinen Begleiter. Hier unterscheidet sich das Englische vom Deutschen.

*K *It's cheaper to travel **by bus** than by taxi.*
Es ist billiger, mit dem Bus zu fahren als mit dem Taxi.

K *Let's meet **in Park Road**.*
Treffen wir uns in der Parkstraße.

K *I can come **after lunch**.*
Ich kann nach dem Mittagessen kommen.

K *While our teacher was **at school** thieves broke into her house.*
Während unsere Lehrerin in der Schule war, wurde bei ihr eingebrochen.

Hier sind einige Wortgruppen, die nach Verhältniswörtern ohne Begleiter stehen.

- Verkehrsmittel: *(by) car, bus, bike, taxi, train, …*
- Straßennamen: *(in / along / past / across) … Street, … Road, … Avenue, … Way*
- Mahlzeiten: *(after / at / before / during / for) breakfast, lunch, tea, dinner*
- Einrichtungen: *(at / in / to) school, college, work, church, hospital, prison*

Merke: Bei Einrichtungen gebraucht man Begleiter, wenn das Gebäude selbst gemeint wird:
My parents have gone to church. *Walk to the old church and turn left.*

* K = Kontrastierung des deutschen und englischen Sprachgebrauchs

Das Fürwort

Das Pronomen

Es gibt verschiedene Arten von Fürwörtern (*pronouns*).
Persönliche Fürwörter sind Wörter wie *they, she, him, us.*
Besitzanzeigende Fürwörter (*my, your, ...; mine, yours, ...*) zeigen, wem etwas gehört.
Rückbezügliche Fürwörter enden auf *-self.*
Die *hinweisenden* Fürwörter heißen *this / that, these / those.*

Das persönliche Fürwort

Das Personalpronomen

Diese Fürwörter ersetzen Hauptwörter oder Eigennamen. Sie kommen in zwei Formen vor. Eine Form verwendet man als Satzgegenstand, die andere als Satzergänzung. (Zum *Satzgegenstand* und zur *Satzergänzung* siehe Seite 5.)

Is your sister at home?
– Ann is ill. She's in bed.
You can't see her.

Als Satzgegenstand

Einzahl	Mehrzahl
I	we
you	you
he / she / it	they

Steve is 16. **He** goes to college.
The managers aren't here. They're at lunch.
I live near London.
Have you got my biro?

Als Satzergänzung

Einzahl	Mehrzahl
me	us
you	you
him / her / it	them

Where are the maps? I can't find **them**.
Joe is here. Please give him the money.
This is so difficult. Can you help me?
This is Ann's tea. I made it for her.

Beachte:

1 Die Bedeutung von *you*

Häufig entspricht *you* dem deutschen *man.*

You need a visa to visit the Soviet Union. — *Man braucht ein Visum, um die Sowjetunion zu besuchen.*

You can't have everything in life. — *Man kann nicht alles im Leben haben.*

2 Fürwörter nach Verhältniswörtern

Nach Verhältniswörtern (wie *behind, to, for, with*) gebraucht man die Satzergänzungsform.

Birgit Hass won the race. Diana Day was 1.5 seconds behind **her**.
The girls are going to the video shop. Do you want to go with **them**?

Das besitzanzeigende Fürwort

Das Possessivpronomen

Es gibt zwei Arten von Fürwörtern, die zeigen, wem etwas gehört. Die Fürwörter *my, your, her, ...* stehen vor einem Hauptwort. Fürwörter wie *mine, yours, hers, ...* stehen alleine.

Is this your dog? *– It isn't my dog. – It isn't mine. – It's mine.*

Mit Hauptwort

Einzahl	Mehrzahl
my	our
your	your
his / her / its	their

Have you seen **my** moped?
That belongs to Ann. That's her handbag.
Don't use that cup. Its handle is broken.

Ohne Hauptwort

Einzahl	Mehrzahl
mine	ours
yours	yours
his / hers / its	theirs

Do you like the photos? They're **mine**.
This glass is yours. Mine is still full.
Both cars were damaged. Ours was worse.

Beachte:

1 Unterscheidung der beiden Formen

Die Fürwörter *my, your, his, her, ...* verwendet man in Verbindung mit einem Hauptwort.

I can't find **my bag**. Can you use **your** new **computer** yet?

Die Fürwörter *mine, yours, his, hers, ...* stehen alleine, ohne Hauptwort. Oft benutzt man sie, weil man ein bereits gebrauchtes Hauptwort nicht wiederholen will.

Is this Karen's bike? – No. **Hers** is a racing bike.
Ist das Karens Rad? – Nein. Ihres ist ein Rennrad. (Ihr Rad ist ein Rennrad.)

Vicky's driving instructor was friendly. **Mine** was always bad-tempered.
Vickys Fahrlehrerin war freundlich. Meine war immer schlecht gelaunt.

2 Verwendung bei Körperteilen

Besitzanzeigende Fürwörter werden auch für Körperteile und Kleidungsstücke benutzt. Im Deutschen ist das oft nicht der Fall.

Alan has broken **his leg**. *Alan hat sich das Bein gebrochen.*
She put **her coat** on. *Sie zog sich den Mantel an.*

3 Rechtschreibung

Besitzanzeigende Fürwörter haben keinen Apostroph: *its – hers – yours – theirs*. Vergleiche:

Here's our cat. **Its** name is Henry. I think **it's** (= it is) in the garden.

Das Fürwort mit *-self*

Das Pronomen mit *-self*

Diese Fürwörter enden auf *-self* / *-selves*:

Einzahl	Mehrzahl
myself	ourselves
yourself	yourselves
himself herself itself	themselves

Have you children washed yourselves?
Sam looked at himself in the mirror.
We bought ourselves great T-shirts.
John fell and hurt himself.
I made those biscuits myself.

Gebrauch

1. Eine Handlung bezieht sich auf die ausführende Person (den Satzgegenstand).

Bob washed himself.

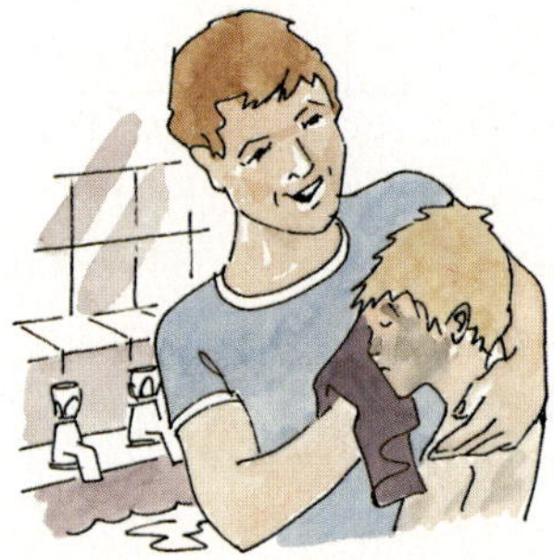

Simon was dirty. Tim washed him.

2. Es wird betont, daß jemand etwas *selbst* tut.

Let's wash the car ourselves. — *Waschen wir das Auto selbst.*
You put the furniture together yourself. — *Man baut die Möbel selbst zusammen.*
Did you make this cake yourself? — *Hast du den Kuchen selbst gebacken?*

Mit oder ohne *-self* ?

Viele deutsche Zeitwörter, die mit *sich* verbunden sind, sind im Englischen ohne *-self.*

K Bitte setzen Sie sich.
Please sit down.

K Ich muß mich dafür entschuldigen.
I must apologise for that.

K

sich freuen auf	sich erinnern	sich treffen	sich bewegen
look forward to	*remember*	*meet*	*move*

Zeitwörter mit *-self*, die häufiger vorkommen, prägt man sich am besten ein:

enjoy yourself:	*We enjoyed ourselves at the party.*
help yourself:	*Don't wait for me to serve you the food. Help yourself!*
injure / hurt yourself:	*When he was using the knife, Bill injured himself.*

Das hinweisende Fürwort

Das Demonstrativpronomen

Mit diesen Fürwörtern weist man auf etwas hin:

Einzahl	Mehrzahl	
this	these	**this** lipstick – **these** pens
that	those	**that** customer – **those** girls

Sie können vor einem Hauptwort stehen.

Those records belong to the youth club. — **This** new **book** is very good.

Sie können auch alleine stehen.

What does **this** mean? — **These** are pretty flowers!

Gebrauch

1. **Oft sind die Fürwörter *this / these* bzw. *that / those* austauschbar. Die Fürwörter *that / those* werden jedoch bei Dingen bevorzugt, die weiter entfernt vom Sprecher sind.**

These birthday cards cost £1.
Diese Geburtstagskarten (hier) kosten £1.

Those houses are very new.
Die Häuser (dort) sind sehr neu.

2. **Beim Vergleich mehrerer Dinge zeigt man den Gegensatz mit Hilfe von *this / that* und *these / those*.**

This is a French car. That is a German car.
Das ist ein französischer Wagen. Das (da) ist ein deutscher Wagen.

I like this dress better than that.
Dieses Kleid gefällt mir besser als das.

Die Stützwörter *one / ones*

Mit *one / ones* kann man umständliche Wortwiederholungen vermeiden.

Das Stützwort *one* ersetzt ein Hauptwort in der Einzahl, das Stützwort *ones* ein Hauptwort in der Mehrzahl.

Which cake would you like? The small **one** or the large one?
LP's soon became very popular. The first **ones** were made in 1948.

Gebrauch

Ein Stützwort steht nach *the, a, which …, this, that* oder einem Eigenschaftswort, damit man ein Hauptwort nicht wiederholen muß.

We've got two cats – a black one and a white one. — *Wir haben zwei Katzen – eine schwarze und eine weiße.*

This lettuce is fresher than that one. — *Dieser Kopfsalat ist frischer als der.*

The houses in the town were more expensive than the ones in the country. But in the end, we bought a small one there. — *Die Häuser in der Stadt waren teurer als die auf dem Lande. Schließlich kauften wir doch ein kleines dort.*

The black horse is friendlier than the brown ones.

Das schwarze Pferd ist freundlicher als die braunen.

That's my moped. – Which one?
The one with the blue seat.

*Das ist mein Moped. – Welches?
Das mit dem blauen Sitz.*

Das Zeitwort

Das Verb

Überblick

Zeitwörter *(verbs)* bezeichnen ...

- Handlungen: *run, swim, send, put, bring, ...*
- Zustände: *sit, lie, seem, live, ...*
- Ereignisse: *fall, die, arrive, crash, ...*

Gebrauch

1. Ein *volles Zeitwort* kann das einzige Zeitwort im Satz sein.

Jean **likes** Italy. The farmer **planted** potatoes.

2. Ein Zeitwort kann auch mit anderen Zeitwörtern verbunden werden ...

- **Mit *be*, *do* und *have* zur Bildung von Zeitformen, Fragen oder Verneinungen:**

The train **is leaving** Platform 2. Our neighbour **has visited** Japan.
My brother **doesn't work** in a shop. **Do** you sometimes **play** squash?

➔ Seiten 19, 20, 52, 53

- **Mit einem *Hilfszeitwort* wie *can*, *should*, *must*, um eine Fähigkeit, eine Verpflichtung, einen Zwang auszudrücken:**

You **should see** a doctor about that flu. **Can** you **understand** French?

➔ Seite 40

- **Mit einem Zeitwort mit *to* (wie *want to*, *hope to*, *try to*):**

A mechanic **tried to repair** the photocopier. I **want to work** with young children.

➔ Seite 18

3. Besondere Formen des Zeitwortes zeigen, wann etwas stattfindet.

Zeitform	Beispiel	➔ Seite
Die einfache Gegenwart	Mr Hill **works** in London.	22
Die Verlaufsform der Gegenwart	Jill **is repairing** her bike.	26
Die vollendete Gegenwart	We **have bought** a dog.	29
Die einfache Vergangenheit	The driver **saw** the dog.	32
Die Verlaufsform der Vergangenheit	The phone **was ringing**.	35
Die Vorvergangenheit	A plane **had landed** at the airport.	35
Die Zukunft mit *going to*	It **is going to snow**.	36
Die Zukunft mit *will*	This book **will help** you.	37

4. Zeitwörter in der Leideform sagen aus, daß etwas mit einem Gegenstand oder Menschen geschieht.

My sister **was born** on Christmas Day. These cars **are made** in Italy.

➔ Seite 48

5. Ein Zeitwort mit der Endung *-ing* kann – wie ein Hauptwort – eine Tätigkeit benennen.

Swimming isn't very difficult. My mum likes **dancing**.

➔ Seite 39

Die Grundform

Der Infinitiv

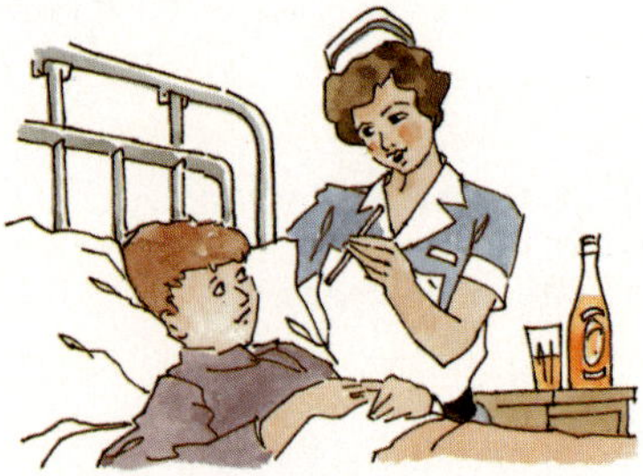

"Open your mouth, please."

Jenny couldn't understand the waiter.
She can't understand much French.

Die Grundform (*infinitive*) eines Zeitwortes kann nicht verändert werden.

Many people want to **go** to Florida this summer. John wants to **go** there in July.
Martin has learned to **swim**. Last year he couldn't **swim**. Now he can **swim** well.

Gebrauch

1. Die Grundform folgt auf Hilfszeitwörter wie *will, must, can* usw.

Does the forecast say it **will rain**?	*Wird es laut Vorhersage regnen?*
This can't be my glass.	*Das kann nicht mein Glas sein.*
You should try these chocolates.	*Du solltest diese Pralinen probieren.*

2. Sie wird in Befehlssätzen bei Aufforderungen (*commands*) und bei Verboten gebraucht.

Come here, please, James.	*Komm bitte hierher, James.*
Please write to this address.	*Bitte schreiben Sie an diese Anschrift.*
Don't change the TV channel.	*Schalte das Fernsehprogramm nicht um!*
Don't tell anybody. It's a secret.	*Sag es niemandem. Es ist vertraulich.*
Stop that! It's dangerous.	*Hör auf damit! Das ist gefährlich.*

3. Mit *Let's …* wird die Grundform für Aufforderungen und Vorschläge gebraucht.

Let's meet at two o'clock.	*Treffen wir uns um zwei Uhr.*
Let's hire a video today.	*Leihen wir uns heute ein Video!*

4. Die Grundform folgt auf Zeitwörter mit *to* wie *want to, have to / have got to, try to* usw.

Jill **has got to write** a report.	*Jill muß einen Bericht schreiben.*
Pat decided to learn sailing.	*Pat entschloß sich, segeln zu lernen.*
I tried to explain the joke.	*Ich versuchte, den Witz zu erklären.*

5. In Verbindung mit *to*, um eine Handlung zu begründen oder zu erklären.

We stayed at home **to watch** TV.	*Wir blieben zu Hause, um fernzusehen.*
Many people lie in the sun to get brown.	*Viele Leute liegen in der Sonne, um braun zu werden.*

6. Nach *ask, tell, expect, allow somebody to…*

The guide **told** the tourists **to follow** her.	*Die Reiseführerin sagte den Touristen, sie sollten ihr folgen.*
Alan's boss asked him to be careful.	*Alans Chef bat ihn, vorsichtig zu sein.*

Das Zeitwort *be*

Eine Form von *be* (= deutsch *sein*) kann im Satz alleine stehen oder Hilfszeitwort sein.

Grundform

Die Grundform *be* kommt in Befehlen und nach Hilfszeitwörtern vor.

Please **be** sensible!
Jeff is here. – It can't **be** him. He's ill.
Don't be so angry. I'm sorry.
It must be late. It's already dark.

Zeitformen

Gegenwart		Vergangenheit		vollendete Gegenwart	
I am	We are	I was	We were	I have been	We have been
He }	You are	He }	You were	He }	You have been
She } is	They are	She } was	They were	She } has been	They have been
It }		It }		It }	

Karen **is** a nurse.
Pat and I are angry.
Is the jacket too big?

The cakes **were** lovely.
Lincoln was American.
Was it a good concert?

Dad **has been** to the USA.
I have been here for an hour.
Have you ever been sea-sick?

Kurzformen in der Gegenwart:

I am = I**'m**
We are = We**'re**
He is / She is / It is = He**'s** / She**'s** / It**'s**
You are = You**'re**
They are = They**'re**

Zum Gebrauch der Kurzformen siehe Seite 50.

Verneinung

Die Verneinung wird durch Anfügen von … *not* gebildet:

That is not our waitress.
His parents were not pleased.

Gebräuchliche Kurzformen bei der Verneinung:

isn't = is not, **aren't** = are not;
wasn't = was not, **weren't** = were not.

Fragen und Kurzantworten

Fragen werden durch die Wortstellung angezeigt. Für Kurzantworten gebraucht man nach *Yes, …* eine Langform von *be*, nach *No, …* eine Kurzform.

Are you German? – **Yes, I am.**
Are you from Berlin? – **No, I'm not.**
Were the exams hard? – Yes, they were.
Was the time enough ? – No, it wasn't.

Beachte:

There is … / There are …

Damit sagt man, was vorhanden ist. Im Deutschen gebraucht man oft *Es gibt / ist / sind …*

There's a strange man at the door.
There were lots of people in town.
How many candles **were there** on the cake?
There are some special new stamps.
There have been many accidents here.
Is there a bus at 3 o'clock?

Das Zeitwort *have*

Um Besitz anzuzeigen, wird oft als Gegenwartsform *have got* gebraucht.
have wird auch als Hilfszeitwort zur Bildung der vollendeten Gegenwart benutzt.
Zu *have (got) to …* siehe Seite 44.

We've got "Wheels".
But we haven't got "Flash".
I'm sure we had "Flash" yesterday.
It's very popular.

Zeitformen

In der Gegenwart gibt es zwei Formen: *have* und *have got*.

Gegenwart: *have*	Gegenwart: *have got*
I / You / We / They **have**	I / You / We / They **have got**
He / She / It **has**	He / She / It **has got**
I **have** a shower every morning.	I**'ve got** (= have got) no money.
Do you always have a holiday abroad?	Has Trevor got a bike?
When do you have breakfast?	What have you got in that bag?

Vergangenheit	vollendete Gegenwart
I / You / He / She / It / We / They **had**	I / You / We / They **have had**
	He / She / It **has had**
I **had** a headache yesterday.	Don **has had** an accident.
Did you have a nice week?	Have you ever had judo lessons?

Kurzformen:
have = **'ve** (I've, You've, …), has = **'s** (He's, She's, It's), had = **'d** (I'd, You'd, …).

Zum Gebrauch der Kurzformen **siehe Seite 50.**

Verneinung

Die Gegenwartsform *have got* wird mit *not* verneint.
Mrs Black **has not got** a large garden. We haven't got a microwave.

Auch bei der vollendeten Gegenwart wird *have* mit *not* verneint.
Sam **hasn't** had his holiday yet. We haven't had a sunny day this week.

Die Gegenwartsform *have* wird mit *do / does not* verneint.
We **don't have** any books about baseball. Vicky doesn't have coffee at breakfast.

Die Vergangenheit wird mit *did not* verneint.
The shop **didn't have** the new magazine. We didn't have a holiday last year.

Fragen und Kurzantworten

- **Bei *have got* und in der vollendeten Gegenwart:**

Fragen werden durch die Wortstellung angezeigt.

The house has got a garden.	➔ Has the house got a garden?
Your friends have had a party.	➔ Have your friends had a party?

Kurzantworten bildet man mit *No, …* und einer Kurzform, oder *Yes, …* und einer Langform.

Have you been to Rome? – **No, I haven't.** Has she got a nice flat? – **Yes, she has.**

- **Bei *have* und in der Vergangenheitsform:**

Fragen werden mit mit *do / does* bzw. *did* gebildet.

Guests have breakfast here.	➔ Do guests have breakfast here?
The boys had enough money.	➔ Did the boys have enough money?

Kurzantworten bildet man mit *do / don't, does / doesn't* und *did / didn't* .

Do you often have parties? – **No, I don't.** Did you have a holiday? – **Yes, I did.**

Gebrauch

1. ***have* zeigt Besitz an. In der Gegenwart wird oft *have got / has got* gebraucht.**

I've got my train ticket already.	*Ich habe meine Fahrkarte schon.*
We haven't got a pet.	*Wir haben kein Haustier.*
Have you got a stamp album?	*Hast du ein Briefmarkenalbum?*
Has your brother got his own room?	*Hat dein Bruder ein eigenes Zimmer?*

2. ***have* wird als Hilfszeitwort gebraucht, um die vollendete Gegenwart anderer Zeitwörter zu bilden.**

Jenny has been ill.	*Jenny ist krank gewesen.*
I've just decorated the room.	*Ich habe das Zimmer gerade renoviert.*

Zur vollendeten Gegenwart siehe Seite 29.

3. ***have* wird auch mit Hauptwörtern in besonderen Zusammensetzungen benutzt.**

have a wash *sich waschen*	have a shower *duschen*	have a bath *ein Bad nehmen*	have a shave *sich rasieren*
have breakfast *frühstücken*	have lunch *zu Mittag essen*	have a drink *etwas trinken*	have a sleep *schlafen*
have a look *sich anschauen*	have a dance *tanzen*	have a try *versuchen*	have a talk *reden*

I'm so hot! I'll have a shower.	*Mir ist so heiß! Ich werde duschen.*
Have a look at this advert.	*Sieh dir diese Anzeige an.*

Die einfache Gegenwart

Die einfache Form des Präsens

Diese Zeitform (englisch: *simple present*) gebraucht man hauptsächlich bei Handlungen oder Ereignissen, die immer wieder geschehen (*Erik geht oft ins Kino.*).
Es geht also nicht um etwas, das nur momentan geschieht (*Jetzt sieht Erik gerade den Film „Ein Colt für tausend Dollar".*). Dafür verwendet man die Verlaufsform.

Mrs Blake works in a factory.
She checks televisions.

Chris likes American football.
He often watches it on TV.
He collects photos of players.

Für die einfache Gegenwart verwendet man die Grundform. Nach *he / she / it* sowie nach Eigennamen und Hauptwörtern in der Einzahl hängt man ein *-s* an.

I / You / We / They **live**	I always **leave** home at 7 o'clock. Every year we go on holiday to Spain.
He / She / It **lives**	Jill **works** for an electronics firm. Water boils at 100° Celsius.

Gebrauch

1. Man sagt, was gewohnheitsmäßig oder oft geschieht.
Typische Zeitangaben, die manchmal im Satz sein können, sind: *always, usually, often, sometimes* sowie *every day / week / … , on Tuesdays / … , in the evenings / …*

I go to the library every Friday.	*Jeden Freitag gehe ich zur Bücherei.*
We usually get up at 7.30.	*Gewöhnlich stehen wir um 7.30 Uhr auf.*
In the evenings mum travels by bus.	*Abends fährt Mutti mit dem Bus.*
The train to Hull leaves at 6.10.	*Der Zug nach Hull fährt um 6.10 Uhr ab.*

2. Man gibt Informationen über Berufe und Hobbys (auch ohne Zeitangaben).

My uncle works in a shop.	*Mein Onkel arbeitet in einem Laden.*
Frau Schulz teaches English.	*Frau Schulz unterrichtet Englisch.*
Derek's father collects coins.	*Dereks Vater sammelt Münzen.*
Lots of teenagers go to youth clubs.	*Viele Teenager besuchen Jugendklubs.*

3. Man sagt, welche Dinge nie geschehen.

The prince never travels by bus.	*Der Prinz fährt nie mit dem Bus.*
My brother never helps at home.	*Mein Bruder hilft zu Hause nie.*

X**4. Man beschreibt Dauerzustände.**
The Rhine flows into the North Sea. — *Der Rhein fließt in die Nordsee.*
Father Christmas lives in Lapland. — *Der Weihnachtsmann lebt in Lappland.*

5. Man drückt eine Vorliebe oder Abneigung aus (*like* / *love* / *hate* / …).
Most children like ice-cream. — *Die meisten Kinder mögen Eis.*
My little sister loves snow. — *Meine kleine Schwester liebt Schnee.*

Vicky prefers trousers to dresses.
Vicky mag Hosen lieber als Kleider.

I hate rice-pudding.
Ich hasse Milchreis.

Zur Unterscheidung von einfacher Gegenwart und Verlaufsform siehe Seite 28.

Beachte:

1 Die Schreibweise der Endung

- Bei Zeitwörtern, die mit den Zischlauten [z], [s], [ʃ], [dʒ], [tʃ] enden, wird *-es* angehängt:
  finish - finish**es** mix - mix**es** fetch - fetch**es** miss - miss**es**
- Bei Zeitwörtern, die auf Mitlaut + *y* enden, wird *-ies* geschrieben:
  fly - fl**ies** carry - carr**ies** study - stud**ies** try - tr**ies**
- Besondere Formen:
  do - **does** [dʌz] go - **goes** [gəʊz]

2 Die Aussprache der Endung

- [z] nach stimmhaften Auslauten:
  sings shows comes wears
- [s] nach den stimmlosen Auslauten [t], [k], [p], [f]:
  drinks jumps laughs eats
- Die *es*-Endung (nach Zischlauten) wird [ɪz] gesprochen:
  catches finishes loses changes

3 Die Wortstellung bei Zeitangaben über Häufigkeit

- Zeitausdrücke wie *every year, in the evenings* stehen am Anfang oder am Ende eines Satzes:
  On Sundays I get up late. *oder* I get up late **on Sundays**.
  Every day Jill travels to work by bike. *oder* Jill travels to work by bike **every day**.
- *always, often, usually, never, sometimes, rarely* stehen vor dem Zeitwort.
  Grandma **rarely** misses a detective film. It **never** rains in this part of Nevada.

Verneinung

Mr Wood doesn't go to work by car.
He goes by bike.

Die Verneinung wird mit *do not* (Kurzform *don't*) oder *does not* (Kurzform *doesn't*) und der Grundform des Zeitwortes gebildet.

I / You / We / They **do not live** here.

He / She / It **does not live** here.

I don't watch horror films.
The girls don't often play tennis.
Jill doesn't like your picture.
My father doesn't wear glasses.

I read a newspaper every day. → I don't read a magazine every day.
They live in an old house. → They don't live in a new house.
This manager works very late. → That manager doesn't work very late.
Dad uses an electric shaver. → Grandad doesn't use an electric shaver.

Beachte:

s-Endung

In verneinten Sätzen mit *he / she / it* hat das Zeitwort keine *s*-Endung. Das Hilfszeitwort *does* trägt diese Endung bereits.
My grandmother **likes** cats. → She **doesn't like** dogs.
Dad **goes** to a yoga class on Tuesdays. → He **doesn't go** to the library.

Fragen und Kurzantworten

Fragen bildet man mit *do* oder (nach *he / she / it*) mit *does* und der Grundform.

Do I / you / we / they **live** here?

Does he / she / it / **live** here?

Do you read a newspaper every day?
What do they sell in that shop?
Does the band play well?
Where does Dave work?

Do you take sugar in tea? – No, I don't.
Does the boss work hard? – Yes, she does.
Do they speak French? – Yes, they do.
Does Tim smoke? – No, he doesn't.

Beachte:

1 Fragen mit Fragewörtern

Auch in Fragen mit Fragewörtern verwendet man *do / does*:

Where does your uncle live?	*Wo wohnt dein Onkel?*
What do you do at the weekends?	*Was machst du am Wochenende?*
Why do you use such expensive soap?	*Warum nimmst du eine so teure Seife?*
When do you go to school?	*Wann gehst du zur Schule?*

2 Die Fragebildung mit *who*

Die Frage, wer etwas tut (nach dem Satzgegenstand), stellt man ohne *does*:

Who buys this comic? – Tim.

Wen / Wem-Fragen (nach der Satzergänzung) stellt man mit *do / does:*

Who do you like better, Steve or Mike?	*Wen magst du lieber, Steve oder Mike?*
Who does Pat live with since her parents' divorce?	*Bei wem wohnt Pat seit der Scheidung ihrer Eltern?*

Vergleiche:

Who does Liz like? – She likes Danny Strong. He's her favourite singer.
Who likes Liz? – Everybody (does). She's a very popular girl.

Einfache Gegenwart mit oder ohne *s*-Endung?

Die *s*-Endung gebraucht man ...

- Nach Aussagen mit *he / she / it* :
  She drives a Japanese car. *He likes rock-music.*
- Nach Eigennamen oder Hauptwörtern, die durch *he / she / it* ersetzt werden können:
  Mrs Goldstein drives a Japanese car. *The President serves for four years.*

Keine *s*-Endung gebraucht man jedoch ...

- nach *I / You / We / They*:
  Dad plays the piano. I play the guitar. Dad and I (= We) play in a band.
- nach Hauptwörtern in der Mehrzahl oder mehreren Eigennamen *(= They)*:
  Wild zebras only live in Africa. *Greg and Alison often buy sweets.*
- in *do / does*-Fragen:
  What do the books cost? *Does the postman come on Sundays?*
- in verneinten Sätzten mit *don't / doesn't*:
  I don't like cabbage. *Our shop doesn't sell batteries. Sorry.*

Die Verlaufsform der Gegenwart

Die Verlaufsform des Präsens

Diese Form (*present progressive*) bezeichnet Handlungen, die noch andauern oder aber geplant sind.

What are you reading?
– I'm reading a science-fiction story.

Die Verlaufsform wird aus der passenden Form von *be* und der Grundform eines Zeitwortes mit der Endung *-ing* zusammengestellt.

I am eating	We are eating	Dave **is waiting** for you at the door.
He / She / It } is eating	You are eating	I'm going home by taxi.
	They are eating.	The plane is taking off now.
		They're playing hockey.

Man gebraucht auch die Kurzformen von *be*.
Zur Verwendung der Kurzformen siehe Seite 50.

Gebrauch

1. **Diese Zeitform bezeichnet Handlungen, die gerade im Verlauf sind und noch andauern. Zeitangaben, die dabei manchmal vorkommen, sind: *just* (= gerade), *still* (= noch), *at the moment* (= im Augenblick).**

I'm waiting for a phone call.	*Ich warte auf einen Telefonanruf.*
Mum is working in the garden.	*Mutti arbeitet im Garten.*
I'm just writing a letter.	*Ich schreibe gerade einen Brief.*
My sister is still working.	*Meine Schwester arbeitet noch.*

2. **Sie wird für Aussagen über Absichten, Vorhaben und Pläne verwendet.**

We're playing squash tomorrow.	*Morgen spielen wir Squash.*
I'm flying to Spain on Saturday.	*Am Samstag fliege ich nach Spanien.*
The coach is leaving at 10 o'clock.	*Der Bus fährt um 10 Uhr ab.*

Dabei steht meist eine Zeitangabe der Zukunft wie *on Sunday*, *next week*, *tomorrow*.

3. **Sie beschreibt Vorgänge, die noch nicht abgeschlossen sind.**

My son is making a coffee-table in Woodwork.	*Im Werkunterricht macht mein Sohn einen Couchtisch.*
I must go home. We're decorating the kitchen. It isn't finished yet.	*Ich muß nach Hause. Wir renovieren die Küche. Sie ist noch nicht fertig.*

Zur Unterscheidung von einfacher Gegenwart und Verlaufsform siehe Seite 28.

Beachte:

1 Die Schreibweise der *ing*-Form

- Stummes *-e* am Ende der Grundform fällt weg:

  ride - riding make - making write - writing use - using

- Nach einem als *ein* Buchstabe geschriebenen Selbstlaut wird ein Mitlaut am Ende der Grundform verdoppelt:

  sit - si**tt**ing cut - cu**tt**ing begin - begi**nn**ing run - ru**nn**ing

2 Wortstellung bei Zeitangaben

Die Umstandswörter *just*, *still* stehen unmittelbar vor der *ing*-Form.

I'm **just** washing my socks.	*Ich wasche gerade meine Socken.*
Sophie is **still** talking on the phone.	*Sophie telefoniert noch.*

Verneinung

Hierfür wird die passende verneinte Form von *be* gebraucht (auch als Kurzform).

I am not		The drinks machine **is not working**.
You are not		Andy isn't reading a detective story.
He, She, It is not	eating.	I'm not working today. I feel ill.
We are not		Smith isn't playing in the match today.
They are not		We aren't coming on Sunday.

Fragen und Kurzantworten

Fragen werden durch die Wortstellung angezeigt.

The band is playing. → **Is the band** playing?

Is it raining? – No, it isn't.	Is Pat using her stereo? – Yes, she is.
Are you working tomorrow? – Yes, I am.	What are you doing? – I'm reading.

Einfache Gegenwart oder Verlaufsform?

Mr Hobson paints.

Do you play tennis? (= often)

Mr Jones is painting.

Are you playing tennis? (= tonight)

Gebrauch

einfache Gegenwart

• Gewohnheiten:	*I eat muesli for breakfast.*
• Dauerzustände:	*George lives in Scotland.*
• regelmäßige Ereignisse:	*Lots of cars use this tunnel every day.*

Verlaufsform

• augenblickliche Handlungen:	*Look! Mr Day is running after a bus.*
• nicht abgeschlossene Vorgänge:	*I'm still learning French at school.*
• Vorhaben und Pläne:	*We're meeting at 6 o'clock tomorrow.*

Typische Zusammenhänge

einfache Gegenwart

• Angaben über Berufe oder Hobbys:	*I work in a sports shop. I play tennis.*
• Tagesabläufe:	*Mum gets up at about 7 o'clock.*
• Fahrplanangaben:	*The train from Deal arrives at 9.10.*
• allgemeingültige Beobachtungen:	*The sun rises in the east.*
• Vorlieben und Abneigungen:	*I like fruit. Tim hates fruit.*
• Gebrauchsanweisungen:	*First you wash it. Then you dry it.*

Verlaufsform

• Reportagen, Berichte im Radio:	*Jones is taking the ball off Brown.*
• Wetterbeobachtungen:	*Look outside. It's raining again.*
• Ausreden, Entschuldigungen:	*I can't come. I'm just washing my hair.*
• Einladungen:	*Are you coming with us tomorrow?*

Die vollendete Gegenwart

Das Perfekt

Die vollendete Gegenwart (*present perfect*) besteht aus *have / has* und einer besonderen Form des Zeitwortes: *Alan has visited Italy. He has been to Rome.*

It's 11 am.
Mike has worked hard this morning.
He has repaired a photocopier.
He has just finished the job.
He hasn't written his report yet.

Die Zeitform setzt sich aus der passenden Form von *have* und dem Mittelwort der Vergangenheit (Partizip II, Partizip Perfekt) eines Zeitwortes zusammen.

The children **have walked** to school. Dad **has eaten** a curry.

Das Mittelwort der Vergangenheit wird von der Grundform entweder regelmäßig (*walked*) oder unregelmäßig (*eaten*) abgeleitet.

Regelmäßige Zeitwörter

Das Mittelwort bildet man mit der Grundform eines Zeitwortes und der Endung *-ed*.

I / You / We / They have **played**.	I've finished my lunch.
He / She / It has **played**.	The train has arrived.

Zur Schreibweise und Aussprache der *ed*-Endung siehe Seite 33.

Unregelmäßige Zeitwörter

Das Mittelwort wird von der Grundform unterschiedlich abgeleitet. Beispiele:

Grundform	vollendete Gegenwart	
sing	have / has **sung**	Stella has just sung her big hit.
write	have / has **written**	I've just written a letter to a newspaper.
find	have / has **found**	My brother has found a credit card.
be	have / has **been**	They've never been abroad before.

Diese besonderen Formen muß man lernen. ➔ Seite 72: unregelmäßige Zeitwörter.

Gebrauch

1. Ein Ereignis oder eine Handlung ist gerade (= *just*) beendet.

Careful! Mum has just painted that door.	*Vorsicht! Mutti hat die Tür gerade gestrichen.*
I've washed the dishes. Now I can come.	*Ich bin mit dem Abspülen fertig. Jetzt komme ich.*
Scotland has won the match!	*Schottland hat das Spiel gewonnen!*

2. Etwas ist bereits, schon einmal oder noch nie geschehen.
Wann **das Ereignis geschah, wird allerdings nicht gesagt.**

We've seen that film.	*Wir haben den Film schon gesehen.*
I haven't milked a cow.	*Ich habe noch keine Kuh gemolken.*

Folgende Wörter stehen manchmal dabei: ***already, often, never, recently, before, ever.***

The filling-station has already closed.	*Die Tankstelle hat schon zugemacht.*
Grandma has often looked after our cat.	*Oma hat schon oft auf unsere Katze aufgepaßt.*
That's the biggest tree I've ever seen!	*Das ist der größte Baum, den ich je gesehen habe.*

3. Eine Handlung hat angefangen, ist aber noch nicht abgeschlossen.

Tina has made five sandwiches (so far). *(Sie bestreicht noch mehr Scheiben.)*
We've collected £82 for the club (up to now). *(Noch wird Geld gesammelt.)*

Oft steht, seit wann oder wie lange schon (*since* / *for*) die Handlung andauert.

We've lived in the house since April.	*Wir wohnen seit April in dem Haus.*
Mrs Pears has worked here for 19 years.	*Mrs Pears arbeitet seit 19 Jahren hier.*

Beachte:

1 Abgrenzung zur einfachen Vergangenheit

Berichtet man, *wann* etwas geschah, verwendet man die einfache Vergangenheit:

Lucy has been in the waiting-room for an hour. She **arrived** at the dentist's at 10 am.

Vergleiche auch:

Martin **has been** to New York. *(Er war irgendwann in der Vergangenheit dort.)*
Martin **has gone** to New York. *(Er ist dorthin gefahren und ist immer noch da.)*
Martin **went** to New York last year. *(Er fuhr letztes Jahr dorthin.)*

Zur einfachen Vergangenheit siehe Seite 32, zur Unterscheidung siehe Seiten 33, 34.

2 Der Unterschied zwischen *for* und *since*

- *since* verwendet man vor Angabe eines **Zeitpunktes**, wie *3 o'clock, Tuesday, March, January 10th, 1989, last year, the first day of the holiday.*

  I've been here **since 2.30**. Sally has known me **since 1987**.

- *for* verwendet man bei einer **Zeitspanne**, wie *ten hours, two days, five years, a long time.*

  White people have lived here **for 200 years**. Tom has been on a diet **for two weeks**.

Zur Unterscheidung von *for* / *since* / *ago* vergleiche auch Seite 62.

Verneinung

Das Hilfszeitwort *have* / *has* wird mit *not* (Kurzform *...n't*) verneint.

I / You / We / They **have not arrived**.	The pupils haven't finished the exam.
He / She / It **has not arrived**.	Helen hasn't been abroad.

Die Verneinung kann auch durch *not ... yet* (= *noch nicht*) erfolgen.

The leaves have **not** fallen off the trees **yet**. The ship has**n't** left Dover **yet**.

Fragen und Kurzantworten

Have you ever worked for a big company ?
– No, I haven't.
Have you ever used a word-processor?
– Yes, I have.

Have I / you / we / they **arrived**?	Have you read today's newspaper? – No, I haven't.
Has he / she / it **arrived**?	Has your brother been to Austria? – Yes, he has.
What have you **bought** for Mother's Day?	Where have you put the camp-bed?

Gebrauch

1. **Man fragt, ob etwas schon erledigt oder geschehen ist. Oft wird *yet* (= schon) gebraucht.**
   Have you done the homework? — *Hast du die Hausaufgaben gemacht?*
   Has the rain stopped (yet)? — *Hat der Regen schon aufgehört?*

2. **Man fragt, ob jemand etwas jemals getan hat. Häufig wird das Wort *ever* gebraucht.**
   Have you (ever) tried this soap? — *Hast du diese Seife (je) ausprobiert?*
   Have you ever swum in the lake? — *Hast du je in dem See geschwommen?*

Beachte:

Fragen nach Zeitpunkt und Dauer

Wann (= zu welchem Zeitpunkt) etwas geschah, fragt man mit der einfachen Vergangenheit.
When did you buy those cats? – On June 23rd.

Seit wann oder wie lange schon etwas geschieht, fragt man mit der vollendeten Gegenwart.
How long have you owned those cats? – For about six months. Since June, I think.

Welche Zeitform bei *for* und *since*?

Wenn man sagen will, seit wann oder wie lange etwas schon dauert, verwendet man im Deutschen die Gegenwart. Im Englischen benutzt man jedoch die vollendete Gegenwart.

K Seine Schwester wohnt seit 1986 in Berlin.
His sister has lived in Berlin since 1986.

K Seit wann bist du schon hier?
How long have you been here?

K Unsere Lehrerin hat seit zwei Monaten ein Motorrad.
Our teacher has had a motor-bike for two months.

Die einfache Vergangenheit

Hier handelt es sich um Ereignisse, die zu bestimmten Zeiten (wie *letztes Jahr*, *gestern*, *vor drei Stunden*) abgeschlossen wurden. Die einfache Vergangenheit (*simple past*) wird entweder regelmäßig (mit der Endung *-ed*) oder unregelmäßig (durch eine besondere Form wie *ran, broke, flew*) gebildet.

They planted this tree in 1975.

I made this cake an hour ago.

Regelmäßige Zeitwörter

Die Endung *-ed* wird an die Grundform des Zeitwortes angehängt.

Grundform	einfache Vergangenheit
answer	**answered**
listen	**listened**
watch	**watched**
walk	**walked**

Ann played volleyball yesterday.
My friend played in a band last year.
The boys cooked a meal last night.
A month ago I passed my driving test.

Unregelmäßige Zeitwörter

Unregelmäßige Zeitwörter haben eine eigene Vergangenheitsform.

Grundform	einfache Vergangenheit
sing	**sang**
write	**wrote**
find	**found**
fly	**flew**

We found a cat last week.
Don found £10 yesterday.
The plane flew to Spain.
The pupils saw the teacher's accident.

Diese Formen muß man lernen. **➔ Seite 72: Liste unregelmäßiger Zeitwörter**

Gebrauch

1. **Man beschreibt Ereignisse in der Vergangenheit. Oft wird gesagt, wann etwas geschah.**

The telephone rang ten minutes ago.	*Das Telefon klingelte vor zehn Minuten.*
Yesterday my brother bought a poster.	*Gestern kaufte mein Bruder ein Poster.*
They built the church in 1989.	*Man hat die Kirche 1989 gebaut.*

Beispiele von Zeitangaben, die mit der einfachen Vergangenheit verwendet werden :

last … : last week, last year, last Tuesday, last month
… ago : ten minutes ago, a year ago, three days ago, a long time ago
in /on … : in 1988, in April, on January 4th

2. In Erzählungen und Berichten wird oft auf einen Zeithinweis verzichtet.

"I answered the phone and a man asked for Jack. I told him that he had a wrong number. Then the phone rang again and a woman wanted Jack, too. This happened four times in one afternoon. At five o'clock there was another call. It was Jack. He asked if there were any messages for him."

> It was a stormy night. The three people sat round the fire and discussed their plans for the next day. Suddenly Jan had an idea that surprised the other two. She suggested …

Auszug aus einer Geschichte

Beachte:

1 Die Schreibweise der regelmäßigen Zeitwörter

- Nach einem als *ein* Buchstabe geschriebenen Selbstlaut wird ein Mitlaut verdoppelt:

stop - sto**pp**ed	rob - ro**bb**ed	plan - pla**nn**ed	hop - ho**pp**ed

- Bei *-y* am Ende eines regelmäßigen Zeitwortes schreibt man *-ied*:

try - tr**ied**	hurry - hurr**ied**	study - stud**ied**	carry - carr**ied**

-y in Verbindung mit Selbstlauten (z.B. *-oy, -ay*) bleibt jedoch unverändert:

stay - stayed	enjoy - enjoyed	obey - obeyed	play - played

2 Die Aussprache der *ed*-Endung

- **[d]** nach stimmhaften Lauten:

played	lived	ordered	seemed

- **[t]** nach den stimmlosen Lauten [p], [f], [k], [s], [ʃ], [tʃ]

washed	walked	helped	jumped

- **[ɪd]** nach [d], [t]:

wanted	painted	needed	hated

3 Verwechslung mit der vollendeten Gegenwart

Im Deutschen werden die Zeitformen für Vergangenes anders als im Englischen gebraucht:

Ich sah Ingrid gestern.
Ich habe Ingrid gestern gesehen. } I saw Ingrid yesterday.

Im Englischen sind einfache Vergangenheit und vollendete Gegenwart nicht austauschbar.

Vergleiche hierzu auch Seite 29 (vollendete Gegenwart) und Seite 34.

Verneinung

Die verneinte Form wird mit *didn't* und der Grundform des Zeitwortes gebildet.

I / You / He / She / It / We / They	**didn't arrive.**	The girls didn't go to school last week. I didn't see you at the club on Monday. Sarah didn't pass the French exam.

Fragen und Kurzantworten

Fragen werden mit *did* und der Grundform des Zeitwortes gebildet.

Did	I / you / he / she / it / we / they	**help**?	Did the car hit the wall? – Yes, it did. Did Janet write? – No, she didn't. Did you phone? – No, I didn't.

Mit Fragewörtern:

Where **did** you **find** the video? – In the living-room. I found it on a chair.
What did you do yesterday? – We went to the baths.
When did Ann paint that picture? – When she was at school.
Who saw the accident? – A boy on a bike. He saw everything.
Who did you dance with last night? – Lots of different people.

Einfache Vergangenheit oder vollendete Gegenwart?

Diese beiden Zeiten werden häufig verwechselt, weil die vollendete Gegenwart anders gebraucht wird als im Deutschen.
Im Deutschen berichtet man damit oft, was in der Vergangenheit geschehen ist:

Am Samstag habe ich mir ein neues Kleid gekauft.

Im Englischen wiederum verwendet man für solche Berichte die einfache Vergangenheit:

Gestern habe ich Geburtstag gehabt. Am Abend sind wir ins Kino gegangen.
It was my birthday yesterday. In the evening we went to the cinema.

Mit der einfachen Vergangenheit fragt man auch, **wann** Ereignisse geschehen sind:

Wann hast du zu Hause angerufen?
When did you phone home?

Die Verlaufsform der Vergangenheit

Die Verlaufsform der Vergangenheit (*past progressive*) betont, daß eine Handlung längere Zeit andauerte, etwa im Vergleich zu anderen Ereignissen.

When the phone rang,
Andy was washing the dishes.

Diese Verlaufsform besteht aus *was* / *were* und der *ing*-Form eines Zeitwortes.

I / He / She / It	**was working**.	I was reading a book when Jill arrived.
We / You / They	**were working**.	At 3 o'clock we were sitting in a train.

Gebrauch

1. Eine Handlung war zu einem bestimmten Zeitpunkt gerade im Gange.

When the cars crashed, I was standing at thc corncr. — *Als die Autos zusammenstießen, stand ich an der Ecke.*
At midnight, everybody was sleeping. — *Um Mitternacht schliefen alle.*
What were you doing at 2 o'clock? — *Was hast du um zwei Uhr gemacht?*

2. Zwei Handlungen liefen gleichzeitig ab.

Dad was reading and Pat was swimming. — *Vati las, und Pat schwamm.*
The children were playing in the garden while their parents were watching TV. — *Die Kinder spielten im Garten, während die Eltern fernsahen.*

Die Vorvergangenheit

Das Plusquamperfekt

Die Zeitform (*past perfect*) besteht aus *had* und dem Mittelwort der Vergangenheit.

I / You / He / She /	**had fallen**.	Tom had arrived before me.
It / We / They	**had jumped**.	The painter hadn't finished on Friday.

Gebrauch

Bei mehreren Ereignissen der Vergangenheit zeigt man, welches weiter zurücklag.

We went to the house. We rang. The old man had left the house. — *Wir gingen zum Haus. Wir klingelten. Der alte Mann hatte das Haus verlassen.*

Die Sätze können mit *when* oder *after* verbunden sein.

I arrived at the station after the train had left. — *Ich kam am Bahnhof an, nachdem der Zug abgefahren war.*

Die Zukunft mit *going to*

Das Futur mit *going to*

Mrs Jackson is going to buy a TV.

Careful! You're going to fall!

Diese Form bildet man mit *am / is / are going to* und der Grundform des Zeitwortes.

I **am**		We're going to move to another town.
He / She / It **is**	**going to run**.	They're going to open a new shop here.
We / You / They **are**		Look at the sky! It's going to rain soon.

Gebrauch

1. Es wird vorhergesagt oder vermutet, was passieren wird.

Mum is going to be angry about this. — *Mutti wird sich darüber ärgern.*

Look out! You're going to drop a glass. — *Paß auf! Gleich läßt du ein Glas fallen.*

2. Man drückt eine Absicht, einen Plan oder ein Vorhaben aus.

Paul is going to leave in an hour. — *Paul wird in einer Stunde abreisen.*

I'm going to have meat pie and chips. — *Ich esse Fleischpastete mit Pommes frites.*

Zum Vergleich der Zukunftsformen (*future tenses*) siehe Seite 38.

Verneinung

Die Verneinung erfolgt mit *not* (Kurzform *…n't*).

I **am not**		The children are not going to swim.
He / She / It **is not**	**going to run**.	I'm not going to help John this time.
We / You / They **are not**		Our team isn't going to win this match.

Fragen

Am I		Are you going to ask her to the party?
Is he / she / it	**going to fall**?	Is it going to snow? Let's stay at home.
Are we / you / they		Where are the students going to live?

Die Zukunft mit *will*

Das Futur mit *will*

The train will arrive at 9.30.

I'll open the door for you.

will (Kurzform *'ll*) wird mit der Grundform eines Zeitwortes verwendet.

I / He / She / It / We / You / They	**will come**.

Alison will be 21 next year.
It'll be 10 o'clock before we're home.
I'll feel better after a cup of tea.

Gebrauch

1. **Es wird vorhergesagt oder vermutet, was passieren wird.**
   The next bus will come soon. — *Der nächste Bus wird bald kommen.*
   I'm sure you'll be a happy couple. — *Ihr werdet sicher ein glückliches Paar.*
2. **Eine Absicht oder ein Angebot wird schnell beschlossen.**
   Wait for me! I'll come, too. — *Warte auf mich! Ich komme auch mit.*
   You need money? We'll lend you £10. — *Du brauchst Geld? Wir leihen dir £10.*

Zu *will* als Hilfszeitwort siehe Seite 47. Zum Vergleich der Zukunftsformen siehe Seite 38.

Verneinung

Die verneinte Form heißt *will not* (Kurzform *won't*).

I / He / She / It / We / You / They	**will not come**.

This shop will not be open tomorrow.
You won't enjoy camping in Morocco.
My parcel probably won't arrive today.

Fragen

Will	I / he / she / it / we / they / you	**come**?

Will it be busy in town tomorrow?
Will Ann take you to the station?
When will they finish the new houses?

Welche Zukunftsform?

Es gibt mehrere Möglichkeiten, über künftiges Geschehen zu sprechen. Unterschiede im Gebrauch sind oft gering. Manchmal geht auch mehr als eine Form.
Drei Möglichkeiten sind in dieser Kurzgrammatik beschrieben: *going to*, *will* und die Verlaufsform der Gegenwart.

Man kann zwischen zwei wichtigen Anwendungsbereichen unterscheiden:
- Absichten (Pläne, Vorhaben): *Mrs Day is going to buy a new car soon.*
- Vorhersagen (Vermutungen): *I think we'll have fine weather at the weekend.*

- **Bei Absichten sind alle drei Formen möglich.**

  I'm visiting grandma tomorrow.
  I'm going to visit grandma tomorrow.
  I'll visit grandma tomorrow.

  will wird normalerweise eher für plötzliche Ideen oder Entscheidungen gebraucht:

  "You haven't seen grandma for a long time, Sue."
  – "OK, Mum. I'll visit her tomorrow."

- **Bei Vorhersagen sind nur die *going to-* und *will*-Formen möglich.**

  You'll be tired after your long journey tomorrow.
  You're going to be tired after your long journey tomorrow.

will, *want* und *won't* – Was ist der Unterschied?

Das deutsche will wird manchmal mit dem englischen *will* verwechselt. Vergleiche aber:

*Ich **will** bald ein neues Auto. Ich kann mir aber keines leisten.*
I **want** a new car soon. But I can't afford one.

Oliver **will** buy a new car soon.
*Oliver **wird** sich bald ein neues Auto kaufen.*

Beachte auch die Aussprache von *want* [wɒnt] und der Verneinungsform *won't* [wəʊnt]:

We want rain. The garden is so dry.
Wir wollen Regen. Der Garten ist so trocken.

It won't rain today.
Heute wird es nicht regnen.

Die *ing*-Form

Das Gerundium

Mit der *ing*-Form kann man Tätigkeiten benennen.
(Zur Bildung von Verlaufsformen mit *-ing* vergleiche Seiten 26, 35.)

What's your hobby? – Fishing.

Most people like watching TV.

Man hängt *-ing* an die Grundform eines Zeitwortes. Zur Schreibweise →Seite 27.

Grundform	*ing*-Form	
cook	cooking	I hate **cooking**.
swim	swimming	Swimming is a popular sport.

Die *ing*-Form kann im Satz die Rolle eines Hauptwortes übernehmen:
- **Als Satzgegenstand:** **Painting** is a quiet hobby.
- **Als Satzergänzung:** Steve loves **reading**.
- **Nach Verhältniswörtern:** Sally is good at **running**.

Die *ing*-Form ist manchmal Teil einer längeren Verbindung:
I'm interested in **collecting old comics**. **Finding the right job** isn't easy.

Gebrauch

1. Mit der *ing*-Form bezeichnet man Hobbys, Gewohnheiten und Tätigkeiten.

I don't enjoy sewing.	*Nähen mag ich nicht.*
Washing the dishes is dad's job.	*Das Geschirrspülen ist Vatis Aufgabe.*

2. Sie folgt auf Zeitwörter des (Nicht-)Mögens wie *like*, *love*, *enjoy*, *prefer*, *hate*, *dislike*.

Do you like cooking?	*Kochst du gerne?*
Many people hate writing letters.	*Viele Leute schreiben ungern Briefe.*

3. Sie steht nach Zeitwörtern des Anfangens und Aufhörens wie *start*, *begin*, *finish*, *stop*.

You should stop smoking.	*Du solltest mit dem Rauchen aufhören.*
Mum started playing the piano at 40.	*Mutti fing das Klavierspielen mit 40 an.*

4. Man gebraucht sie in Ausdrücken mit Verhältniswörtern.

I'm looking forward to seeing you.	*Ich freue mich darauf, dich zu sehen.*

Beispiele:

be sorry / pleased / angry / worried about	be clever / good at	be interested in
ask / dream / talk about	agree with	be tired of

Hilfszeitwörter – Überblick

Modale Hilfsverben

Die auf den folgenden Seiten besprochenen Hilfszeitwörter drücken aus, daß etwas sein oder geschehen muß, kann, soll oder darf.
Manchmal gibt es mehr als eine Möglichkeit, dasselbe zu sagen.
Nach diesem Überblick werden die Hilfszeitwörter einzeln besprochen: *can* (Seite 42), *must* (Seite 44), *may* (Seite 46), *will* (Seite 47), *should* (Seite 47).

I can't come to the fitness centre tonight.

You should get a new car.

Hilfszeitwörter ohne *to*

can **must** **may** **should** **will**

Diese Hilfszeitwörter benutzt man zusammen mit der Grundform eines Zeitwortes.

I **can swim**. You **should work** harder.

Fragen werden durch eine Änderung der Wortstellung angezeigt.

Julie can swim well. → **Can Julie swim** well?
Campers must pay on arrival. → When **must campers pay**?

Zeitwörter mit *to*

Statt der oben aufgeführten Hilfszeitwörter werden manchmal auch andere, bedeutungsverwandte Ausdrücke gebraucht.

Bei all diesen Ausdrücken steht *to* vor der Grundform.

can:	be able to, be allowed to
must:	have got to, have to
may:	be allowed to
should:	ought to
will:	be going to

You should go to the doctor. / **You ought to go** to the doctor.
Can we park the car here? / **Are we allowed to park** the car here?

Manchmal – etwa bei einer Verneinung oder für eine bestimmte Zeitform – *muß* man einen solchen Ausdruck verwenden.

Gebrauch

1. Erlaubnis

can:	You can use my headphones. *Du kannst / darfst …*
may:	May I use this telephone? *Darf ich … ?*
be allowed to:	Are we allowed to smoke here? *Dürfen wir … ?*

2. Fähigkeit

can:	Marilyn can speak German. *Marilyn kann …*
be able to:	Alan Best is able to run a marathon in 3 hours. *Alan Best kann …*

3. Zwang

must:	All students must take this exam. *Alle Studenten müssen …*
have got to:	You've got to fill in a form and pay £5. *Sie müssen …*
have to:	When do we have to be at the airport? *Wann müssen wir … ?*

4. Verpflichtung

should:	You should repair that lamp. It's dangerous. *Du solltest …*
ought to:	I ought to phone mum. She'll be worried. *Ich sollte …*

5. Verbot

must:	You mustn't play with that toaster! *Du darfst nicht …*
be allowed to:	Children are not allowed to see this film. *Kinder dürfen nicht …*

6. Möglichkeit

can:	Where can that screwdriver be? *Wo kann … ?*
may (might):	June may (might) help. Ask her. *June wird vielleicht …*

7. Wahrscheinlichkeit

must:	She must be Italian. She speaks the language so well. *Sie muß …*
will:	The plate will be on the table, I think. *Der Teller wird wohl …*

can

Jason can ride a bike.
Six months ago he couldn't ride a bike.
He wasn't able to ride a bike.

Jacky is 16. She still goes to school.
She can do a Saturday job now.
She is allowed to do a Saturday job.

Aussagen

Alison **can** dance well.

Tennis can be a very exciting game.

Fragen

Can your dog swim?

When can you deliver the new cooker?

Verneinung

The doctor **cannot** see you today. She **can't** see you.

Kurzantworten

Can you understand French? –**Yes, I can. / No, I can't.**

Vergangenheit

My sister **could** read when she was four.

I **couldn't** find my ticket yesterday.

Statt *could* gebraucht man jedoch für positive Aussagen eher *was / were able to* oder *was / were allowed to.*

Bedeutungsverwandte Ausdrücke

be able to:	Most people are able to ride a bike.
be allowed to:	Are shops allowed to open on Sunday?

Gebrauch

1. Man sagt, was jemand tun kann. (= Fähigkeit)

My sister can make great paper planes. — *Meine Schwester kann tolle Papierflieger machen.*

Derek can't understand maths. — *Derek kann Mathe nicht verstehen.*

2. Es geht um das, was jemand tun darf. (= Erlaubnis)

You can go to the party.	*Du darfst zur Party gehen.*
Can I try on these jeans, please?	*Darf ich bitte diese Jeans anprobieren?*
You can't borrow the car.	*Du darfst dir das Auto nicht leihen.*

3. Man beschreibt, was sein oder geschehen kann. (= Möglichkeit)

Drive carefully! Accidents can easily happen in the snow.	*Fahr vorsichtig! Bei Schnee können leicht Unfälle passieren.*
She can't be his mother. She doesn't look old enough.	*Sie kann nicht seine Mutter sein. Dazu sieht sie nicht alt genug aus.*

Beachte:

1 Vergangenheitsformen

Geht es um eine Fähigkeit, ist *was / were able to* als Vergangenheitsform üblich.

After the accident I was able to move my arm. I wasn't able to use my hand.	*Nach dem Unfall konnte ich den Arm noch bewegen. Ich konnte die Hand nicht mehr benutzen.*

Geht es um eine Erlaubnis, wird *was / were allowed to* als Vergangenheitsform gebraucht.

My little sister was allowed to stay up late yesterday.	*Meine kleine Schwester durfte gestern spät aufbleiben.*
Visitors weren't allowed to take photos in the church.	*Besucher durften in der Kirche nicht fotografieren.*

2 *could*

could kann mit Bezug auf die Zukunft oder die Gegenwart verwendet werden. Es entspricht etwa dem deutschen *könnte*.

Today could be your lucky day!	*Heute könnte dein Glückstag sein!*
Could you follow me, please?	*Könnten Sie mir bitte folgen?*
Bob could repair the bike tomorrow.	*Bob könnte das Rad morgen reparieren.*

3 Die vollendete Gegenwart

Hierfür gebraucht man entweder *have been able to* oder *have been allowed to.*

The government **has not been able to** stop inflation yet.	*Die Regierung hat die Inflation noch nicht aufhalten können.*
Wuff **has** always **been allowed to** sleep on their bed. He's a very small dog.	*Wuff hat immer auf ihrem Bett schlafen dürfen. Er ist ein recht kleiner Hund.*

must

must wird wesentlich weniger gebraucht als das deutsche *müssen*. Sehr häufig verwendet man *have got to* oder *have to*.

Aussagen

You **must** pay that gas bill soon.
We must see that new detective film.

Fragen

Must I dry all the dishes?
How much must you pay at the fair?

Verneinung

Die Verneinung heißt entweder *mustn't* oder *needn't*.
Die Bedeutung ist aber unterschiedlich. Vergleiche:
You **mustn't** (= *must not*) lean out of the window. It's dangerous.
You **needn't** water the garden. It rained this morning.

Zur Verneinung siehe Seite 45.

Kurzantworten

Must I be a member to play squash in this club? –Yes, you **must**. / –No, you **needn't**.

Vergangenheit

***must* hat keine eigene Vergangenheitsform. Hierfür gebraucht man *had to*.**
I **had to** be at the interview at 2 o'clock yesterday.
Did you **have to** wear a suit at the New Year's dance?
We had to buy the train tickets last week, but we **didn't have to** reserve seats.

Bedeutungsverwandte Ausdrücke

have got to:	Jill has got to take a parcel to the post office for her boss.
have to:	Shop assistants often have to stand all day.

Gebrauch

1. ***must* bezeichnet das, was jemand tun muß. (= Zwang)**
   Guests must leave before 12 o'clock. — *Gäste müssen vor 12.00 Uhr abreisen.*
   I really must go on a diet. — *Ich muß wirklich abnehmen.*

2. **Man vermutet etwas. (= Wahrscheinlichkeit)**
   I must have flu. — *Ich muß wohl eine Grippe haben.*
   Listen! That must be the postman. — *Hör mal! Das muß der Briefträger sein.*

3. **Etwas wird untersagt. (= Verbot) Hierfür benutzt man die verneinte Form *mustn't*.**
   You mustn't drive so fast. — *Du darfst nicht so schnell fahren.*

Beachte:

1 *have got to / have to*

Für Aussagen und Fragen über einen Zwang gebraucht man gewöhnlich *have (got) to*.

Judy **has got to** be at the office at 9.00.	*Judy muß um 9.00 Uhr im Büro sein.*
I **have to** go to the tax office.	*Ich muß zum Finanzamt gehen.*

Fragebildung und Verneinung mit *have got to*:

Has Sarah got to change trains?	*Muß Sarah umsteigen?*
You haven't got to pay at this library.	*In dieser Bücherei braucht man nichts zu bezahlen.*

Bei Fragen und Verneinung mit *have to* wird das Hilfszeitwort *do* gebraucht.

Does Sarah have to change trains?	*Muß Sarah umsteigen?*
You don't have to pay at this library.	*In dieser Bücherei braucht man nichts zu bezahlen.*

2 *must*

must gebraucht man bei Vermutungen.

This must be your pen. Mine is new.	*Dies muß dein Füller sein. Meiner ist neu.*
You must have my pen.	*Du mußt meinen Füller haben.*

In Aussagen über einen Zwang beschränkt sich der Gebrauch von *must* meist …

• auf nachdrückliche Aufforderungen:

All visitors must report to reception.	*Alle Besucher müssen sich an der Rezeption anmelden.*

• auf selbstauferlegten Zwang:

I must phone John to see if he's better now.	*Ich muß John anrufen, um zu erfahren, ob es ihm besser geht.*
We must visit that museum one day. It sounds interesting.	*Wir müssen das Museum irgendwann besuchen. Es klingt interessant.*

needn't oder *mustn't*?

You must leave your dog at home.

Wie lautet das Gegenteil zu diesem Satz? Wie verneint man ihn?
Es gibt zwei Möglichkeiten: Mit *needn't* oder *mustn't*. Die Bedeutung ist unterschiedlich:

K *You needn't leave your dog at home. Bring it to our hotel.*
Sie müssen Ihren Hund nicht zu Hause lassen. Bringen Sie ihn mit in unser Hotel.

K *You mustn't leave your dog at home. It barks all day.*
Sie dürfen Ihren Hund nicht zu Hause lassen. Er bellt den ganzen Tag.

Also: nicht dürfen = *mustn't* nicht müssen / nicht brauchen = *needn't*

haven't got to / don't have to bedeutet das gleiche wie *needn't* (= nicht müssen).

may

may drückt Erlaubnis oder Wahrscheinlichkeit aus. Im Sinne von Erlaubnis (*You may go.* = Du darfst gehen.) wird es heute jedoch seltener gebraucht.

May I help you, madam?

What do you want to be?
I'm not sure. I may become a nurse.

Aussagen

You **may** borrow this dictionary. It may rain this afternoon.

Fragen

May I borrow your calculator? May we welcome you in our new shop?

Verneinung

My boyfriend doesn't feel well. He **may not** come to the disco. I'm not sure.

Bedeutungsverwandter Ausdruck

be allowed to: Mum says we are allowed to use the stereo.

Gebrauch

1. **Mit *may* drückt man aus, was jemand tun darf. (= Erlaubnis)**
may wird besonders für Bitten gebraucht, die betont höflich klingen sollen.
May I show you our latest shoes, sir? *Darf ich Ihnen unsere neuesten Schuhe zeigen?*
Normalerweise wird jedoch bei einer Erlaubnis *can* bevorzugt:
Of course you can go to the concert. *Natürlich darfst du ins Konzert.*
Can I come with you? *Kann (Darf) ich mitkommen?*

2. **Mit *may* kann man auch sagen, was vielleicht geschehen wird. (= Möglichkeit)**
We may visit Ireland. *Wir werden Irland vielleicht besuchen.*
Dad may be at home. *Vati wird vielleicht zu Hause sein.*
Statt *may* wird auch *might* verwendet. Das verstärkt die Unsicherheit einer Aussage.
The train might be on time. But I doubt it. *Eventuell kommt der Zug pünktlich an. Aber ich bezweifle es.*
I might even win in the lottery! *Vielleicht gewinne ich sogar im Lotto!*

will

Zur Bildung sowie Verwendung als Zukunftsform → Seite 37. Zu *if*-Sätzen → Seite 64.

Gebrauch

1. Man vermutet etwas. (= Wahrscheinlichkeit)

There's a car. That will be Jack. — *Da ist ein Auto. Das wird Jack sein.*

2. Man fordert jemanden auf, etwas zu tun. (Für höflichere Bitten, benutzt man *would*.)

Will you come this way, please? — *Kommen Sie bitte mit.*
Will you stop shouting! I'm not deaf. — *Hör auf zu brüllen! Ich bin nicht taub.*
Would you pass me the salt, please? — *Würden Sie mir bitte das Salz reichen?*

should

Aussagen

We **should** help *Third World* countries. You should stop smoking.

Fragen

Should we help you with the meal? What should you do after an accident?

Verneinung

We **should not** use so many plastic bottles. You shouldn't spend so much money.

Bedeutungsverwandter Ausdruck

ought to: You ought to take up a sport and get fit.

Gebrauch

1. Man sagt, was jemand jetzt oder in der Zukunft tun sollte. (= Verpflichtung)

I should take the dog for a walk now. — *Ich sollte nun mit dem Hund rausgehen.*
The government should build better roads. — *Die Regierung sollte bessere Straßen bauen.*

Man kann mit *should* auch einen Rat geben oder erbitten.

You should try *Flash* toothpaste. — *Du solltest* Flash-*Zahnpasta probieren.*
You should talk to your boss if you want more money. — *Sie sollten mit Ihrem Chef reden, wenn Sie mehr Geld wollen.*
This plant looks ill. What should I do with it? — *Die Pflanze sieht krank aus. Was soll ich damit machen?*

2. Man bietet damit Hilfe an.

Should I repair that for you? — *Soll ich das für dich reparieren?*
Should we help with the washing-up? — *Sollen wir beim Spülen helfen?*

Die Leideform

Das Passiv

Die Leideform kommt in einigen häufigen Redewendungen vor. (*Dave **was born** in Ohio. These cars **are made** in Germany.*) Zum Unterschied zur Tatform siehe Seite 49.

Die Leideform bildet man mit einer Form von *be* und dem Mittelwort der Vergangenheit (Partizip II, Partizip Perfekt). Vergleiche hierzu auch Seite 29.

Einfache Gegenwart

Football **is played** all over the world.

Millions of letters are sent every day.

Einfache Vergangenheit

That elephant **was born** in the zoo.

These shoes were made in Italy.

Vollendete Gegenwart

All the cakes **have been eaten**.

The walls haven't been painted yet.

Mit Hilfszeitwörtern

Breakfast **will be served** from 7 am.
The oil **should be checked** every week.

Cars **must be parked** on this side.
The lake **can be seen** from that hill.

Gebrauch

1. Die Leideform gibt Auskunft über eine Handlung. *Wer* sie ausführt, ist nicht so wichtig.

Whisky is made in Scotland. It is drunk all over the world. — *Whisky wird in Schottland hergestellt. Er wird in der ganzen Welt getrunken.*
This fish is really fresh. It was caught this morning. — *Der Fisch ist wirklich frisch. Er wurde heute früh gefangen.*
The castle was built 900 years ago. — *Die Burg wurde vor 900 Jahren gebaut.*

2. Man verwendet die Form auch, wenn man nicht weiß, wer eine Handlung ausführt.

A lot of cars are stolen every year. — *Jährlich werden viele Autos gestohlen.*
The window has been broken. — *Jemand hat das Fenster zerbrochen.*

3. Sie kommt in Bekanntmachungen, Berichten, Beschreibungen von Arbeitsabläufen vor.

"A new hospital was opened in Perth today."

```
Guests are asked
not to smoke in
this part of the
restaurant.
```

Schild in einem Restaurant

Auszug aus einem Kochrezept

4. The potatoes and salt are added to the mixture.
5. Then the soup is cooked for one hour.

Beachte:

1 Häufige Ausdrücke mit der Leideform

be born: I was born in London.
Ich wurde in London geboren.

be made: The stereo was made in Japan.
Die Stereoanlage wurde in Japan hergestellt.

be spoken: Spanish is spoken in many South American countries.
Spanisch wird in vielen Ländern Südamerikas gesprochen.

be built: This house was built ten years ago.
Dieses Haus wurde vor zehn Jahren gebaut.

2 Leideform mit *by*

Mit *by* … kann man hinzufügen, von wem die Handlung ausgeführt wird.

Every four years the President is chosen by the American people. — *Alle vier Jahre wird der Präsident vom amerikanischen Volk gewählt.*

The novel *Emil and the Detectives* was written by Erich Kästner. — *Der Roman* Emil und die Detektive *wurde von Erich Kästner geschrieben.*

Tatform und Leideform: Was ist der Unterschied?

Tourists often eat ice-cream.

Dies ist ein Satz in der **Tatform** (Ein Aktivsatz).
Jemand (*tourists*) tut etwas (*eat*) mit einem Gegenstand (*ice-cream*).

Ice-cream is often eaten.

Dies ist ein Satz in der **Leideform** (Ein Passivsatz).
Mit einem Gegenstand (*ice-cream*) geschieht etwas (*is eaten*). Wer das macht, wird hier nicht gesagt.

Im Deutschen bildet man die Leideform mit *werden* und dem Mittelwort der Vergangenheit.

K *These camping chairs are made in Italy.*
Diese Campingstühle werden in Italien hergestellt.

K *The blue picture was painted by Picasso.*
Das blaue Bild wurde von Picasso gemalt.

Manchmal entspricht ein deutscher Satz mit *man* der englischen Leideform:

K *English is spoken here.*
Hier spricht man Englisch.

Kurzformen der Zeitwörter

Beim Sprechen werden einige häufig gebrauchte Zeitwörter verkürzt und mit dem vorhergehenden Wort verbunden.
Beim Schreiben steht ein Apostroph (') anstelle fehlender Buchstaben.

Kurzformen bei positiven Aussagen

be

am = 'm	I'm	I'm going to the record shop.
is = 's	He's / She's / It's / That's	That's a great bike.
are = 're	We're / You're / They're	We're very tired.

have

have = 've	I've / We've / You've / They've	They've got a modern flat.
has = 's	He's / She's / It's	Ann? She's gone to the youth club.
had = 'd	I'd / He'd / She'd / …	They'd already finished lunch.

will

will = 'll	I'll / He'll / She'll / …	I'll show you how to repair it.
would = 'd	I'd / He'd / She'd / …	We'd like a menu, please.

Kurzformen bei Verneinungen

Das Wort *not* wird zu *n't* abgekürzt.

She is not = She is**n't** We have not = We haven't I cannot = I **can't**

My father doesn't speak French. You mustn't cry.

Gebrauch

1. **Kurzformen geben die gesprochene Sprache wieder, zum Beispiel in Dialogen.**

"Alcohol isn't the answer to your problems," Sally shouted. Sid smiled and put the glass down.
"But it's only fruit juice, you know," he said.

Aus einer Erzählung

2. **Kurzformen schreibt man auch, wenn etwas ungezwungen klingen soll.**

Frageanhängsel

Bei Frageanhängseln (*question tags*) geht es häufig nicht darum, eine Information zu bekommen. Vielmehr sind sie oft Hilfsmittel, um ein Gespräch in Gang zu bringen.

It's terrible weather again, isn't it?

Das Zeitwort wird am Ende des Satzes in einer Frage verneint:

It's a lovely garden, **isn't it?**
You like chocolate, **don't you?**
We're late, **aren't we?**
Simon works on a farm, **doesn't he?**

Ist ein Hilfszeitwort (wie *is ...* , *have ...* , *can ...*) dabei, wird dieses verneint.

Dad is working hard, **isn't he?**
You can use a computer, **can't you?**
I'll see you at the youth club, **won't I?**
Tina has got a moped, **hasn't she?**
We should wait here, **shouldn't we?**
You've been to America, **haven't you?**

Gebrauch

1. **Man erbittet Zustimmung.**
Solche Frageanhängsel entsprechen etwa dem deutschen *..., nicht wahr? / nicht? / gell?*
Sie werden mit fallender Intonation (d.h. als Aussage) gesprochen.

It's very warm in here, isn't it?
– Yes, it is. I'll open a window.
Hier drin ist es sehr warm, nicht wahr?
– Stimmt. Ich mache ein Fenster auf.

This song is great, isn't it?
– Yes. It's the best one on the album.
Dieses Lied ist toll, nicht wahr?
– Ja. Es ist das beste auf dem Album.

Tim wears terrible clothes, doesn't he?
– I agree. Look at those socks!
Tim zieht sich immer fürchterlich an, nicht?
– Stimmt. Sieh dir die Socken an!

2. **Man fragt bei Unsicherheit nach – wie im Deutschen mit** *..., oder?*
Der Satz wird mit steigender Intonation (d.h. als Frage) gesprochen.

The train leaves from Platform 3, doesn't it?
– No, Platform 4.
Der Zug fährt von Gleis 3 ab, oder?
– Nein, Gleis 4.

But Joe can swim, can't he?
– No, he can't. He hasn't learned yet.
Aber Joe kann doch schwimmen, oder?
– Nein. Er hat es noch nicht gelernt.

Die Fragebildung

Fragen, die man mit *ja* oder *nein* beantworten kann, nennt man Entscheidungsfragen. Im Deutschen beginnen sie mit dem Zeitwort bzw. Hilfszeitwort.
Spielte Simone Gitarre? *Wird der Brief morgen ankommen?*

Entscheidungsfragen beginnen mit *be* (*am, is, are* / *was, were*), *have* (*has* / *had*) oder einem Hilfszeitwort wie *can* / *could, must, will* / *would, may, should.*

Aussage	Frage	
Jean is reading.	**Is** Jean reading?	Have you got a pet?
Dave can swim.	**Can** Dave swim?	Would you like a biscuit?
The dog will bark.	**Will** the dog bark?	Has the TV programme finished yet?

Zur Fragebildung mit Hilfszeitwörtern siehe auch den jeweiligen Abschnitt.

Ist kein Hilfszeitwort im Satz, bildet man die Frage mit einer Form des Hilfszeitwortes *do* (d.h. *do, does* oder *did*). Das andere Zeitwort steht dann in der Grundform.

You read this magazine. → **Do** you **read** this magazine?
The shop sells good cakes. → **Does** the shop **sell** good cakes.
Tessa wrote to a fan-club. → **Did** Tessa **write** to a fan-club?

Beachte:

1 Fragen mit *do*

Fragen bildet man mit einer Form vom Hilfszeitwort *do* …

- in der einfachen Gegenwart (etwa bei Gewohnheiten oder Hobbys):
  Do you **play** tennis in the summer? **Does** the supermarket often **close** late?
- in der einfachen Vergangenheit:
  Did you **see** the nature film on TV last night? **Did** the bus **arrive** on time?

2 Grundform nach dem Hilfszeitwort *do*

Bei Fragen mit *do, does* oder *did* steht das andere Zeitwort in der Grundform (d.h. ohne Endung, keine Vergangenheitsform).
Bei *he* / *she* / *it* -Sätzen in der Gegenwart trägt *does* bereits die *s*-Endung:

She work**s** in a garage. → **Does** she **work** in a garage?
The train stop**s** in Bristol. → **Does** the train **stop** in Bristol?

did zeigt in einer Frage bereits an, daß es sich um Vergangenes handelt:

Mr Smith bought a dog yesterday. → **Did** Mr Smith **buy** a dog yesterday?
The girls walked to school. → **Did** the girls **walk** to school?

3 Fragen mit Fragewörtern

Auch diese Fragen stellt man mit einem Hilfszeitwort. Ein Fragewort leitet sie ein.

When can you visit us again?	*Wann kannst du uns wieder besuchen?*
Where does your new boss live?	*Wo wohnt dein neuer Chef?*
When did Liz decorate her room?	*Wann hat Liz ihr Zimmer renoviert?*
How much money have you earned?	*Wieviel Geld hast du verdient?*
Why are the people laughing?	*Warum lachen die Leute?*
Whose pen is this?	*Wessen Füller ist dies?*

Siehe auch Seite 25 (Fragewörter mit *do / does*) sowie Seite 34 (Fragewörter mit *did*).

Vergleiche die unterschiedlichen Fragen mit *who* (Siehe auch Seite 25):

Who did you see?	*Wen hast du gesehen?*
Who saw you?	*Wer sah dich?*

4 Indirekte Fragen mit *Can you tell me ... ?* und *Do you know ... ?*

So kann man besonders höflich um Auskunft bitten.

Can you tell me what time it is? **Do you know** if the train has arrived?

Die Verneinung

Sätze mit einem Hilfszeitwort (wie *be, have, can, will, should*) werden mit *not* (als Kurzform *...n't*) verneint.

Those flowers are **not** fresh.	I have**n't** got my ticket.
You shouldn't leave paper in the street.	The hotel room wasn't very big.

Sätze ohne Hilfszeitwort werden mit einer Form von *do + not* verneint (d.h. *don't, doesn't, didn't*).

Einfache Gegenwart:

I **don't** understand that long word. The shop doesn't open on Sundays.

Einfache Vergangenheit:

The driver **didn't** see the cyclist in the dark. The police didn't catch the thief.

Zur Verneinung bestimmter Hilfszeitwörter siehe auch den jeweiligen Abschnitt.

Beachte:

Verneinung mit *doesn't* und *didn't*

Das andere Zeitwort im Satz steht in der Grundform.
Die Verneinungsform *doesn't* trägt bereits die *s*-Endung der einfachen Gegenwart.
Die Verneinungsform *didn't* zeigt an, daß ein Satz in der einfachen Vergangenheit steht.

My sister **doesn't help** at home. We **didn't go** on holiday last year.

Das Eigenschaftswort

Das Adjektiv

Eigenschaftswörter (*adjectives*) können unmittelbar vor einem Hauptwort stehen:

the **big** house | the fast train | a good disc jockey | an easy job

Sie können einer Form des Zeitwortes *be* folgen:

The house is **old**. | Sally has been ill. | That was terrific. | The train is fast.

Sie stehen ebenfalls nach *feel, look, sound, taste, seem, become, get*:

I feel **terrible**. | The soup tasted nice. | Emma looks happy. | You seem tired.

Zur Verwendung von *one / ones* nach Eigenschaftswörtern siehe Seite 16.

Beachte:

1 Großschreibung von Nationalitäten

the **English** car | the **French** language | modern **German** cars | good **Irish** food

2 Vergleiche mit *(not) as ... as*

Peter is **as** clever **as** his sister. — *Peter ist so klug wie seine Schwester.*

The film is **not as** good **as** the book. — *Der Film ist nicht so gut wie das Buch.*

Die Steigerung

Pat *Sally* *Petra*

Pat is young.
Sally is younger than Pat.
Petra is the youngest.

Steigerung mit *-er* und *-est*

• Einsilbige Eigenschaftswörter sowie zweisilbige, die auf *-y* enden:

old - **older** - **oldest** | happy - **happier** - **happiest**

cheap - cheaper - cheapest | angry - angrier - angriest

Steigerung mit *more ...* und *most ...*

• Eigenschaftswörter mit drei und mehr Silben:

difficult - **more difficult** - **most difficult**

comfortable - more comfortable - most comfortable

• Eigenschaftswörter, die zweisilbig sind, aber nicht auf *-y* enden:

boring - **more boring** - **most boring** | useful - more useful - most useful

Gebrauch

1. Man will zwischen mehreren Dingen unterscheiden.

I'd like the smaller steak, please.	*Ich möchte bitte das kleinere Steak.*
That's the oldest house in the town.	*Das ist das älteste Haus in der Stadt.*
That was the funniest film I've ever seen.	*Das war der lustigste Film, den ich je gesehen habe.*

2. Man zieht damit Vergleiche. Dann gebraucht man *than*.

Today is colder than yesterday.	*Heute ist es kälter als gestern.*
The cabbage looks better than the lettuce.	*Der Kohl sieht besser aus als der Salat.*

Beachte:

1 Die Schreibweise bei *-er* und *-est*

- Stummes *-e* am Ende eines Eigenschaftswortes fällt weg: late - lat**er** - lat**est**
- Nach einem als *ein* Buchstabe geschriebenen Selbstlaut verdoppelt man einen Mitlaut:
  big - bi**gg**er - bi**gg**est hot- ho**tt**er - ho**tt**est
- Ein *y* am Ende wird zu *i*: lazy - laz**ier** - laz**iest**

2 Besondere Steigerungsformen

good - **better** - **best**	bad - **worse** - **worst**
a little - **less** - **least**	much/many - **more** - **most**

3 Fürwörter nach *than*

Fürwörter nach *than* stehen meist in der Satzergänzungsform. (Hierzu siehe Seite 12.)

Jenny is older than **me**.	*Jenny ist älter als ich.*
I'm two years younger than **her**.	*Ich bin zwei Jahre jünger als sie.*

than, *as* oder *like* bei Vergleichen? Wie entscheidet man?

- *than* gebraucht man **nach einer Steigerungsform**, entsprechend *als* im Deutschen.

K The Rhine is longer than the Thames.
Der Rhein ist länger als die Themse.

K Simon works more carefully than the other mechanics.
Simon arbeitet sorgfältiger als die anderen Mechaniker.

- *as … as* verwendet man bei einem Eigenschaftswort oder Umstandswort **in der nicht gesteigerten Form**, um zu sagen, daß zwei Sachen gleich oder ähnlich sind.

K This cheap washing-powder is as good as that expensive one.
Dieses billige Waschpulver ist so gut wie das teure.

- *like* gebraucht man bei Vergleichen ohne Eigenschaftswort.

K You look like a clown in those trousers!
In der Hose siehst du wie ein Clown aus.

K Ann swims like a fish.
Ann schwimmt wie ein Fisch.

Mengenbezeichnungen

Bei Mengenbezeichnungen wird oft zwischen Zählbarem (*many flowers*) und Nichtzählbarem (*much water*) unterschieden. Siehe dazu Seite 7.

some / any

Would you like some chips?

some **kann man bei allen Hauptwörtern gebrauchen. Zählbare Hauptwörter stehen in der Mehrzahlform.**

We need **some butter**. I've got **some sweets**.

In verneinten Sätzen wird *any* statt *some* gebraucht.

There are some apples, but there aren't **any oranges**.
Would you like some chocolate? – I'm on a diet! I can't eat **any chocolate**.

Gebrauch

1. *some* bei zählbaren Hauptwörtern bedeutet *einige, ein paar*.

There are some good photos in the album.	*Im Album sind einige gute Fotos.*
Put some biscuits on the plate.	*Leg ein paar Kekse auf den Teller.*
Would you like some old records?	*Möchtest du einige alte Platten?*

2. *some* bei unzählbaren Hauptwörtern bedeutet *etwas*.

I'll get some money from the bank.	*Ich hole etwas Geld von der Bank.*
Do you want some tea? – No, thanks. I've already got some.	*Willst du etwas Tee? – Danke. Ich habe schon (etwas).*

3. Die Verneinung mit *any* entspricht *kein* **im Deutschen.**

We haven't got any milk.	*Wir haben keine Milch.*
There aren't any nails in the box.	*In der Schachtel sind keine Nägel.*

Beachte:

any **in Fragen**

any kann auch in Fragen stehen, wenn es darum geht, ob etwas überhaupt vorhanden ist.

Have you got **any** English money?	*Hast du englisches Geld?*
Have you seen **any** rabbits today?	*Habt ihr heute Hasen gesehen?*

Bitten und Angebote: Weiß man, daß etwas vorhanden ist, gebraucht man *some*.

Can I have **some** aspirins, please?	*= Eine Bitte (etwa in der Apotheke)*
Do you want **some** bread?	*= Ein Angebot (etwa bei Tisch)*

a lot of – many / much – few / little

There are a lot of apples on the tree.

***a lot of* (auch *lots of*) kann man bei allen Hauptwörtern verwenden.**

The library has bought **a lot of** new books. We've got a lot of cheese.

***many* (= *viele*) steht vor zählbaren, *much* (= *viel*) vor nichtzählbaren Hauptwörtern.**

Holland hasn't got **many hills**. There's too **much sugar** in this tea.

***few* (= *wenige*) bezeichnet zählbare, *little* (= *wenig*) nichtzählbare Dinge.**

There are **few flowers** in our garden. I take very **little milk** in my coffee.

Gebrauch

1. *a lot of* (oder *lots of*) wird häufiger gebraucht als *much / many*.

A lot of fans came to our match.	*Viele Fans kamen zu unserem Spiel.*
There was a lot of snow on the road.	*Auf der Straße lag viel Schnee.*
A lot of people speak English.	*Viele Menschen sprechen Englisch.*

2. *much / many* gebraucht man meist in verneinten Sätzen sowie nach *too* … oder *as* … .

There aren't many people here.	*Hier sind nicht viele Menschen.*
Dale won as many games as Bell.	*Dale gewann so viele Spiele wie Bell.*
I think you've got too much money!	*Ich glaube, du hast zu viel Geld!*

Beachte:

1 *few* und *a few*, *little* und *a little*

Few customers were waiting in the shop.	***Wenige*** *Kunden warteten im Laden.*
I'll buy **a few** bananas.	*Ich kaufe* ***ein paar*** *Bananen.*
I'm afraid there's **little** paint left.	*Leider ist* ***wenig*** *Lack übrig.*
Put **a little** cream on the strawberries.	*Gib* ***ein wenig*** *Sahne auf die Erdbeeren.*

2 Fragen mit *how much* und *how many*

Bei Nichtzählbarem gebraucht man *how much*, bei Zählbarem *how many*.

How much money do you need?	*Wieviel Geld brauchst du?*
How many people were at the party?	*Wieviel Leute waren auf der Party?*

every – each – all (the)

***each* und *every* werden wie *jede(r, s)* im Deutschen gebraucht.**
Der Unterschied zwischen *each* und *every* ist gering.

I've read every book on that shelf. — Please put a plant in each pot.

***all (the)* gebraucht man sowohl vor zählbaren als auch unzählbaren Hauptwörtern.**

All the students liked their new teacher. — All the ice had melted.

Beachte:

1 Die Unterscheidung *each / every*

each und *every* sind oft austauschbar. *each* betont, daß **jede einzelne** Sache oder Person gemeint ist.

Each runner had her own number. — *Jede Läuferin hatte eine eigene Nummer.*
Give a book to **each student**, please. — *Gib bitte jedem Schüler ein Buch.*

2 *all* und *all the*

- *all* bedeutet ***alle – ohne Ausnahme.***

All cigarettes are dangerous. — *Alle Zigaretten sind gefährlich.*
All trees need sunlight. — *Alle Bäume brauchen Sonnenlicht.*

- *all the* wird benutzt, wenn es nur um eine begrenzte Anzahl oder Menge geht.

It was October, but **all the trees** in the park still had leaves. — *Es war Oktober, aber alle Bäume im Park trugen noch Blätter.*
Janine has drunk **all the cola**. — *Janine hat die ganze Cola getrunken.*

Zusammensetzungen mit *some/any*, *every* und *no*

Durch Zusammensetzen dieser Mengenbezeichnungen mit *~thing*, *~where* und *~body* entstehen neue Wörter.

	~thing	**~body**	**~where**	
every	everything	everybody	everywhere	*alles, jeder, überall*
some (**any**)	something (anything)	somebody (anybody)	somewhere (anywhere)	*etwas, jemand, irgendwo*
no	nothing	nobody	nowhere	*nichts, niemand, nirgends*

Where's the cat? I've looked **everywhere**.
I think **somebody** is at the door.
There isn't **anything** good on TV now.
The bucket is **nowhere** in the garden.
Nobody understood why John laughed.
Everything is so tidy. What a surprise!

Beachte:

1 Zusammensetzungen mit *some* und *any*

Zusammensetzungen mit *any* werden in verneinten Sätzen gebraucht.

I've just eaten something.	*Ich habe gerade etwas gegessen.*
➔ I haven't eaten anything.	*Ich habe nichts gegessen.*
There's somebody in the house.	*Es ist jemand im Haus.*
➔ There isn't anybody in the house.	*Es ist niemand im Haus.*

Sie können ebenfalls in Fragen verwendet werden. Vergleiche hierzu auch Seite 56.

Was anybody in the office on Saturday?	*War am Samstag jemand im Büro?*
Have you moved anything?	*Haben Sie (irgend) etwas verstellt?*

2 Zusammensetzungen mit *~one*

Statt Zusammensetzungen mit *~body* werden auch *everyone, someone, anyone* und *no one* benutzt. Sie sind bedeutungsgleich.

Das Umstandswort

Das Adverb

Ein Umstandswort (*adverb*) gibt Informationen über die Handlung in einem Satz. Die hier beschriebenen Umstandswörter sagen, auf welche Art und Weise etwas geschieht.

Viele Umstandswörter bildet man durch Anfügen von *-ly* an ein Eigenschaftswort:

slow - **slowly**	The man walked slowly.
careful - **carefully**	The waiter carried the plates carefully.
dangerous - **dangerously**	The learner drove the car dangerously.

Das Umstandswort zu *good* ist *well.*

Dan Moody is a very good singer. He sings very well.

Gebrauch

Solche Umstandswörter sagen, wie oder auf welche Weise etwas geschieht. Sie geben ergänzende Informationen über das Zeitwort.

Eigenschaftswort	Umstandswort
Jackie is a **quick** worker.	Jackie always works **quickly**.
Ben has a very **loud** voice.	"We're here," Ben called **loudly**.
My uncle is very **nervous** about flying.	He waited **nervously** for the take-off.

Beachte:

1 Die Schreibweise

y am Ende eines Eigenschaftswortes wird zu *i* vor der *ly*-Endung:

angry – **angrily** happy – **happily** busy – **busily**

2 Besondere Umstandswörter

Diese Umstandswörter stimmen mit den Eigenschaftswörtern überein: *fast, early, long.*

On the motorway the bus travelled **fast**.	*Auf der Autobahn fuhr der Bus schnell.*
I arrived for the appointment **early**.	*Ich kam zeitig zum Termin.*
Did you wait for me **long**?	*Hast du lange auf mich gewartet?*

3 Kein Umstandswort bei bestimmten Zeitwörtern

Nach den Zeitwörtern *be*, *look*, *feel*, *sound*, *taste*, *smell* gebraucht man kein Umstandswort.

Tina felt **tired** after the game.	*Tina fühlte sich müde nach dem Spiel.*
Our neighbour looks **angry**.	*Unser Nachbar sieht verärgert aus.*
This new lemonade tastes **great**.	*Diese neue Limonade schmeckt toll.*

4 Steigerungsformen

Die Bildung erfolgt – wie bei Eigenschaftswörtern – mit *more / most* (etwa bei Umstandswörtern mit *ly*-Endung) oder mit *-er / -est.* Vergleiche hierzu Seite 54.

Pat works **faster** and **more carefully**.	*Pat arbeitet schneller und vorsichtiger.*

Das Verhältniswort

Die Präposition

Oft bezeichnen Verhältniswörter (*prepositions*) das räumliche Verhältnis von Gegenständen zueinander (*The pen is **on** the table. The bike is **between** the cars.*) Verhältniswörter werden auch mit Zeitwörtern zusammengesetzt (*think about, get up*). Außerdem verwendet man sie in Zeitausdrücken (*at two o'clock, on Saturday*).

Der räumliche Gebrauch

Bezeichnung des Ortes (*Wo?*)

in front of the house	behind the house	in, inside the house	outside the house	round the table	between the girls

near the cat	next to the cat	at the table	on the table	under the table	over the table

Bezeichnung einer Richtung (*Wohin? Woher?*)

up the hill	down the hill	into the house	out of the house	onto the horse

off the horse	along the street	across the street	over the wall	against the wall

after the bus	through the woods	round the tree	to the bank	from the bank

Zusammensetzungen mit Zeitwörtern

Gebrauch

1. **Nach manchen Zeitwörtern kann man mit Hilfe eines Verhältniswortes weitere Informationen hinzufügen.**

   Tina is writing. — Tina is writing **about her holiday**.
   The pupils waited. — The pupils waited **for their teacher**.

2. **Manche Zeitwörter werden mit Verhältniswörtern verbunden. Dadurch entstehen Begriffe mit neuen Bedeutungen.**

   look for (= *suchen*), look up (= *nachschlagen*), look after (= *sich sorgen um*)

Beachte:

Zusammensetzungen im Wörterbuch

Zunächst schlägt man das Zeitwort nach. Dort finden sich auch die Zusammensetzungen mit Verhältniswörtern. Vorsicht: Eine Zusammensetzung hat oft mehrere Bedeutungen.

Alan **took off** his jacket.	*Alan zog das Jackett aus.*
The plane **took off**.	*Das Flugzeug startete.*
The shop assistant **took off** 5%.	*Der Verkäufer zog 5% vom Preis ab.*

Zeitausdrücke

about	about 1 o'clock, about a day	*gegen*
ago	a year ago, two days ago	*vor*
at	at 2.30, at 4 o'clock	*um (bei Uhrzeiten)*
by	by Tuesday, by 3 o'clock	*bis (zum)*
for	for a year, for ten minutes	*seit (bei Zeitdauer), … lang*
from … to	from Monday to Friday	*von … bis*
in	in two hours, in July, in summer	*in*
on	on Tuesday, on May 3rd	*am*
since	since 1989, since Sunday	*seit (bei Zeitpunkten)*

for, since oder *ago*?

Mit *for* und *since* sagt man, wie lange etwas schon dauert. (Beides heißt auf deutsch *seit.*)
- *since* verwendet man bei Angabe eines **Zeitpunktes**: *Tuesday, 3.15 pm, 1950.*
- *for* steht bei Angabe eines **Zeitraumes**: *four days, three hours, 40 years.* (Im Deutschen könnte man hier auch *… lang* sagen.)

Mit *ago* sagt man, vor wie langer Zeit etwas in der Vergangenheit passiert ist (deutsch: *vor*).

K *I saw the film a week ago.*
Ich sah den Film vor einer Woche.

K *He moved here a year ago.*
Er ist vor einem Jahr hierhergezogen.

Komplexe Sätze

Es gibt mehrere Möglichkeiten, einfache Sätze miteinander zu verbinden.

Überblick

- **Sätze mit Bindewörtern:**
  I knocked on the door **and** I went into the room. Vergleiche unten.
- **Sätze mit *to* + Grundform:**
  The nurse went to the cupboard **to get** the tablets. Vergleiche Seite 18.
- **Bedingungssätze mit *if*:**
  I would help you with the dishes **if I had more time**. Vergleiche Seite 64.
- **Bezugssätze:**
  Here is the customer **who brought back the shoes**. Vergleiche Seite 67.
- **Nichtwörtliche Rede:**
  Julie **said** (that) she was really angry with us. Vergleiche Seite 68.

Bindewörter

Konjunktionen

Wenn man Sätze durch Bindewörter miteinander verknüpft, bleibt die Wortstellung meist unverändert. Häufige Bindewörter sind …

zeitlich:	*after, before, till, when, while, as soon as* Mr Green went into the house **when** the telephone rang.
begründend:	*as, because* **As** it's your birthday, I'll pay for this meal.
anreihend:	*and, not only … but also* You can fly to Ireland **and** you can go by boat.
einräumend:	*though, although, but* You can take an umbrella **although** it probably won't rain.

Heißt es *while* oder *because*?

während = *while* weil = *because*

K *The woman noticed the rabbit while she was driving down a country road.*
Die Frau bemerkte den Hasen, während sie eine Landstraße entlangfuhr.

K *She was able to stop the car in time because she was driving quite slowly.*
Sie konnte das Auto rechtzeitig anhalten, weil sie ziemlich langsam fuhr.

Bedingungssätze

Konditionalsätze

Diese Sätze bestehen aus zwei Teilen: einem Hauptsatz und einem Nebensatz mit *if* …
Der *if*-Satz kann vor oder nach dem Hauptsatz stehen:

***If it rains,** we'll get wet.* oder *We'll get wet **if it rains**.*

Im Hauptsatz wird ein Ereignis beschrieben (Wir werden naß…), im *if*-Satz wird die Bedingung genannt, unter der das Ereignis stattfindet (…,wenn es regnet).

Im Englischen unterscheidet man zwischen drei Grundformen von Bedingungssätzen:

Typ I: Ereignisse, die möglich sind.
Typ II: Ereignisse, die unwahrscheinlich oder gar unmöglich sind.
Typ III: Ereignisse in der Vergangenheit. (Was geschehen wäre, wenn …)

After 10 minutes …

Arsenal 0
Liverpool 1

If they get two goals, Arsenal will win.

After 85 minutes …

Arsenal 0
Liverpool 1

If they got two goals, Arsenal would win.

After the match …

Arsenal 0
Liverpool 1

If they had got two goals, Arsenal would have won.

Typ I (mögliche Ereignisse)

If you walk along this road, you'll soon be at the station.

Der *if*-Satz steht in der Gegenwart (auch der vollendeten Gegenwart).
Der Hauptsatz steht in der Zukunftsform mit *will*.

If the weather **is** fine, the match **will begin** at 2 pm.
If you're reading the magazine, I'll wait.

Der Hauptsatz kann – statt *will* – ein anderes Hilfszeitwort enthalten.

If you want some good concert tickets,
- you **must** buy them soon.
- you **can** have mine.
- you **should** go to the theatre now.

Gebrauch

Der Satz sagt aus, was unter bestimmten Bedingungen passieren wird, kann, soll usw.
Die Bedingungen sind durchaus möglich.

You'll feel ill if you eat too much chocolate.	*(Ein Kind hat einige Tafeln Schokolade vor sich.)*
If the cat jumps, it will catch the bird.	*(Die Katze lauert einem Vogel auf.)*
Dad will help you if you ask.	*Vati wird dir helfen, wenn du ihn fragst.*
If I'm late again, the boss will be angry.	*Wenn ich wieder zu spät komme, wird der Chef ärgerlich sein.*
Pat will be disappointed if you don't come.	*Pat wird enttäuscht sein, wenn du nicht mitkommst.*

Typ II (unwahrscheinliche oder unmögliche Ereignisse)

Jill can't buy the jacket. It's too expensive.
If she had enough money, Jill would buy it.

Der *if*-Satz steht in der einfachen Vergangenheit.
Im Hauptsatz steht ein Zeitwort mit *would* (Kurzform *'d*).
If she had her camera with her, Vicky **would take** a photo of that bird now.

Gebrauch

Man beschreibt, was unter bestimmten Bedingungen passieren würde.
Die Bedingungen sind jedoch unmöglich, recht unwahrscheinlich oder nicht erfüllbar.

If I lived in a house, I would keep a dog.	*(Ich lebe aber in einer Wohnung.)*
If dad saw this, he would be shocked.	*(Er ist aber nicht hier.)*
If I knew the firm's address, I would write to them today.	*Wenn ich die Firmenanschrift wüßte, würde ich noch heute an sie schreiben.*
If I had a million pounds, I'd buy a big ship.	*Wenn ich eine Million Pfund hätte, würde ich ein großes Schiff kaufen.*

Typ III (Ereignisse in der Vergangenheit)

If I had known about English weather, I would have brought a raincoat.

Der *if*-Satz steht in der Vorvergangenheit.
Im Hauptsatz steht *would have* und das Mittelwort der Vergangenheit.

If I had known about old Mrs Dean's accident, **I would have visited** her.
If Baker had played, he would have won this tennis championship.

Gebrauch

Man sagt, was in der Vergangenheit gewesen wäre oder hätte sein können, wenn ....

If you had phoned us, we would have met you at the station.	*Wenn du uns angerufen hättest, hätten wir dich vom Bahnhof abgeholt.*
If the weather had been better, the beach would have been crowded yesterday.	*Wenn das Wetter besser gewesen wäre, wäre der Strand gestern voll gewesen.*

Beachte:

1 Komma bei Bedingungssätzen

Vor einem *if*-Satz steht normalerweise kein Komma.

You can have my old bike if you want it. I'd tell the police if that happened to me.

2 Bedingungssätze mit der einfachen Vergangenheit

Bedingungssätze vom Typ II stehen in der einfachen Vergangenheit. Trotzdem geht es um Ereignisse **jetzt oder in der Zukunft**. Sie beziehen sich **nie** auf Vergangenes.

I'll post the letter now. **If I won** the competition, I would be very lucky.	*Jetzt schicke ich den Brief ab. Wenn ich den Wettbewerb gewinnen würde, hätte ich ein Riesenglück.*

Vergleiche dazu diese Aussage über einen Wettbewerb in der Vergangenheit:

A man from Hull won the competition. **If I had won**, I'd have been very surprised.	*Ein Mann aus Hull hat den Wettbewerb gewonnen. Wenn ich gewonnen hätte, wäre ich sehr überrascht gewesen.*

3 Kein *will* / *would* nach *if*

In den hier beschriebenen Bedingungssätzen steht im Satzteil mit *if* … **kein** *will* oder *would*. (Im Unterschied zum Deutschen, wo *würde* manchmal nach *wenn* … gebraucht wird.)

I would be surprised if the letter arrived now.	*Ich wäre überrascht, wenn der Brief jetzt kommen würde (käme).*

Bezugssätze

Relativsätze

Haben zwei einfache Sätze eine Person oder einen Gegenstand gemeinsam, kann man sie mit *that* oder *who* verbinden.

Bei Personen

Die Sätze werden mit *who* oder *that* verbunden.

Mrs Gray is a woman. She works at the youth club.

➔ Mrs Gray is a woman **who** works at the youth club.

oder: ➔ Mrs Gray is a woman **that** works at the youth club.

Bei anderen Lebewesen und Gegenständen

Die Informationen werden mit *that* eingeleitet.

I'd like the book. It's the number one bestseller.

➔ I'd like the book **that**'s the number one bestseller.

Ein mit *who / that* eingeleiteter Satzteil kann auch mitten im Satz stehen.

The computer **that we chose** cost £1000. People **who smoke** live dangerously.

Beachte:

1 *which*

Manchmal wird nach Gegenständen *which* statt *that* benutzt (meist nur in der Schriftsprache).

After a week, Mr Dixon found the money **which** he had lost.	*Nach einer Woche fand Mr Dixon das Geld, das er verloren hatte.*

2 Komma

In den hier beschriebenen Bezugssätzen wird vor *who / that / which* kein Komma gesetzt.

3 Auslassung von *who / that / which*

Manche Sätze sind auch ohne *who / that / which* verständlich. Dann wird das verbindende Wort oft weggelassen. Im Deutschen geht dies nicht.

These are the shoes that I like best. ➔ These are the shoes I like best.	*Das sind die Schuhe, die mir am besten gefallen.*
The tourist who we met was Dutch. ➔ The tourist we met was Dutch.	*Die Touristin, die wir kennenlernten, war Holländerin.*

4 Verkürzte Sätze mit *-ing*

Wird das verbindende *who / that / which* vor einem Satzteil weggelassen, der in einer Verlaufsform steht, entfällt auch die Form von *be (= am, is, are; was, were)*.

The dog that is fetching a ball belongs to me. ➔ The dog fetching a ball belongs to me.	*Der Hund, der einen Ball holt, gehört mir.*
I saw the man who was driving the car. ➔ I saw the man driving the car.	*Ich habe den Mann gesehen, der das Auto gefahren hat.*

Nichtwörtliche Rede

Indirekte Rede

Wenn man aufschreibt, was jemand gesagt hat, setzt man es in Anführungszeichen. Dies nennt man die **wörtliche Rede**: *"I really hate rice pudding."*
Wenn man darüber berichtet, verwendet man die **nichtwörtliche Rede**: *Jane told us that she really hated rice pudding.*

Vicky says she feels ill.

I saw Vicky yesterday.
She said she felt ill.

Die nichtwörtliche Rede wird mit *say, tell* oder einem ähnlichen Zeitwort eingeleitet. Das Wort *that* kann man weglassen.

Alan **says that** he hates mice.
The woman **says** she has lost her dog.

Bei Berichten, die mit einer Vergangenheitsform (*said, told* usw.) eingeleitet werden, wird in der nichtwörtlichen Rede die Zeitform meist verändert.
Gegenüber der wörtlichen Rede ist das Zeitwort zeitlich zurückversetzt worden.

Das wird berichtet:	Das wurde gesagt:
Mr Hall told me it was very late.	"It is very late."
Ann said she could speak French.	"I can speak French."
The passenger said she didn't feel well.	"I don't feel well."
Pete told me he hadn't seen my photos.	"I haven't seen your photos." *oder*: "I didn't see your photos."
The policeman said we had to turn left.	"You have (got) to turn left."

Gebrauch

1. **Man berichtet über Aussagen und Meinungen. Typische Zeitwörter für die Einleitung:**
   say, tell, think, shout, answer, agree, know, point out.

2. **Auch Fragen können mit der nichtwörtlichen Rede wiedergegeben werden. Sie werden mit einem Zeitwort wie *ask* oder *want to know* eingeleitet.**

   ("Why is this dress so expensive?")
   A customer asks why this dress is so expensive. — *Eine Kundin fragt, warum das Kleid so teuer ist.*
   ("When does the next train leave?")
   The man wanted to know when the next train left. — *Der Mann wollte wissen, wann der nächste Zug abfuhr.*

Wenn kein Fragewort vorhanden ist, gebraucht man *if* (= ob).

("Can you work late?")
The boss wants to know if I can work late. — *Der Chef will wissen, ob ich länger arbeiten könne.*

("Do you often have headaches?")
Dr Hay asked Jenny if she often had headaches. — *Dr Hay fragte Jenny, ob sie oft Kopfschmerzen hätte.*

Beachte:

Die wörtliche Rede

Bei Berichten in der Gegenwart (*says, thinks, ...*) läßt sich aus der nichtwörtlichen Rede leicht erkennen, was tatsächlich gesagt wurde. Bei Einleitungen mit einer Vergangenheitsform (*said, thought, ...*) wird die Zeit gegenüber der wörtlichen Rede meist geändert.

- ***am / is / are* ➔ *was / were***
  "The moped **is** very expensive." ➔ John said the moped **was** very expensive.
  "The girls **are** playing outside." ➔ Mrs Hill said the girls **were** playing outside.
  "I'**m** going to work in London." ➔ Alison said she **was** going to work in London.
- **einfache Gegenwart ➔ einfache Vergangenheit**
  "My mother **plays** the piano." ➔ Alan said his mother **played** the piano.
  "We **don't** like our flat." ➔ Jane and Steve told us that they **didn't** like their flat.
  "I **can** ride a motorbike." ➔ Sarah said she **could** ride a motorbike.
- **vollendete Gegenwart, einfache Vergangenheit ➔ Vorvergangenheit**
  "Our plane **has** just **landed**." ➔ Karen phoned and said their plane **had** just **landed**.
  "I **met** Sally at the cinema." ➔ Mr Bell said he **had met** Sally at the cinema.

Was ist der Unterschied zwischen *say* und *tell*?

Mit ***say*** (Vergangenheit: *said*) berichtet man, was gesagt wird, nicht, wem es gesagt wird:
Mr Brown says he can't come. — *Lisa said that she had met a new neighbour.*

Das Zeitwort ***tell*** (Vergangenheitsform: *told*) dagegen gebraucht man ...,

- um zu berichten, wem etwas gesagt wird:
  Can you tell me where the station is? — *I told John that he was too early.*
- in der Verbindung *tell about* (= berichten):
  We told the policeman about the accident.
- in einigen festen Ausdrücken:

tell the time	*tell somebody the way*	*tell the truth*
die Uhrzeit sagen	jemandem den Weg sagen	die Wahrheit sagen

Zahlen

1	one	11	eleven	21	twenty-one	40	forty	400	four hundred
2	two	12	twelve	22	twenty-two	50	fifty	500	five hundred
3	three	13	thirteen	23	twenty-three	60	sixty	600	six hundred
4	four	14	fourteen	24	twenty-four	70	seventy	700	seven hundred
5	five	15	fifteen	25	twenty-five	80	eighty	800	eight hundred
6	six	16	sixteen	26	twenty-six	90	ninety	900	nine hundred
7	seven	17	seventeen	27	twenty-seven	100	a hundred	1000	a thousand
8	eight	18	eighteen	28	twenty-eight	101	a hundred and one		
9	nine	19	nineteen	29	twenty-nine	200	two hundred		
10	ten	20	twenty	30	thirty	300	three hundred		

Dezimalzahlen:	4.5	four point five,	6.75	six point seven five,
	2.0	two point nought [nɔːt]	6.05	six point nought five
Prozentzahlen:	8%	eight per cent	35%	thirty-five per cent
Bruchteile:	1/4	a quarter	1/2	a half
	3/4	three quarters	1 1/2	one and a half

Gebrauch

1. Zahlen geben Mengen an.

3 books — 10 miles — 30 litres of petrol — 5 boxes of nails

2. Man benutzt sie bei Uhrzeiten.

2.25	5.39	10.15	8.30
two twenty-five	five thirty-nine	ten fifteen	eight thirty

20.00 eight o'clock **In Fahrplänen:** twenty hours
oder: twenty hundred hours

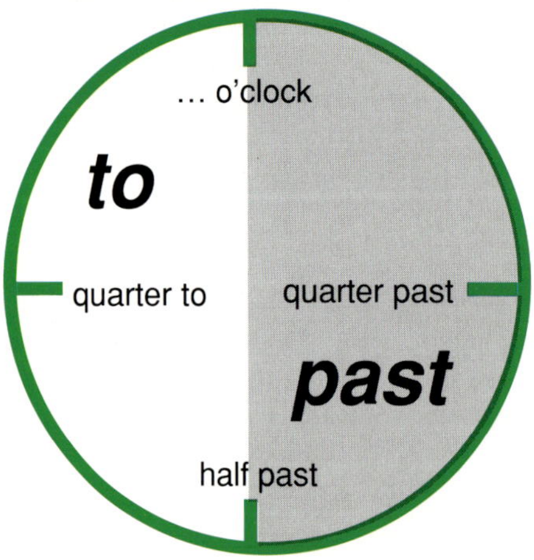

1.00	one o'clock	
1.15	quarter past one	
1.30	half past one	
1.45	quarter to two	
1.05	five past one	
1.20	twenty past one	
1.50	ten to two	
1.07	seven minutes past one	
1.56	four minutes to two	
Merke:	9.00 am	*9.00 Uhr*
	9.00 pm	*21.00 Uhr*

3. Man verwendet sie bei Geldangaben.

Britisches Geld:	£1	a pound	£2.40	two pounds forty
	£1.15	one pound fifteen	50p	fifty p / fifty pence
Amerikanisches Geld:	$1	a dollar	$2.40	two dollars forty
	$1.15	one dollar fifteen	50c	fifty cents
Deutsches Geld:	DM 1	a mark	DM 2.40	two marks forty
	DM 1.15	one mark fifteen	DM 0.50	fifty pfennigs

4. Zahlen werden in Telefonnummern verwendet.

493026 = four nine three, oh two six
466320 = four double six, three two oh

Ordnungszahlen

1st	first	11th	eleventh	21st	twenty-first	40th	fortieth
2nd	second	12th	twelfth	22nd	twenty-second	50th	fiftieth
3rd	third	13th	thirteenth	23rd	twenty-third	60th	sixtieth
4th	fourth	14th	fourteenth	24th	twenty-fourth	70th	seventieth
5th	fifth	15th	fifteenth	25th	twenty-fifth	80th	eightieth
6th	sixth	16th	sixteenth	26th	twenty-sixth	90th	ninetieth
7th	seventh	17th	seventeenth	27th	twenty-seventh	100th	hundredth
8th	eighth	18th	eighteenth	28th	twenty-eighth	101st	hundred and first
9th	ninth	19th	nineteenth	29th	twenty-ninth		
10th	tenth	20th	twentieth	30th	thirtieth		

Gebrauch

1. Die Ordnungszahlen geben eine Reihenfolge an.

This is my first visit to London. *Dies ist mein erster Besuch in London.*

In the race, Andy was first, Steve was second and Jim third.

2. Sie werden bei Datumsangaben verwendet.

March 1st = March the first
October 30th = October the thirtieth
August 24th 1995 = August the twenty-fourth, nineteen ninety-five
January 1st 2000 = January the first, two thousand

Liste unregelmäßiger Zeitwörter

Grundform	Einfache Vergangenheit	Mittelwort der Vergangenheit	
be	was/were	been	*sein*
beat	beat	beaten	*schlagen*
become	became	become	*werden*
begin	began	begun	*beginnen, anfangen*
bet	bet	bet	*wetten*
bite	bit	bitten	*beißen*
blow	blew	blown	*blasen*
break	broke	broken	*brechen, kaputtmachen*
bring	brought	brought	*bringen*
build	built	built	*bauen*
buy	bought	bought	*kaufen*
catch	caught	caught	*fangen*
choose	chose	chosen	*(aus-)wählen*
come	came	come	*kommen*
cost	cost	cost	*kosten*
creep	crept	crept	*kriechen*
cut	cut	cut	*schneiden*
dig	dug	dug	*(aus-)graben*
do	did	done	*tun, machen*
draw	drew	drawn	*zeichnen*
drink	drank	drunk	*trinken*
drive	drove	driven	*fahren*
eat	ate	eaten	*essen*
fall	fell	fallen	*fallen*
feed	fed	fed	*füttern*
feel	felt	felt	*fühlen*
fight	fought	fought	*kämpfen*
find	found	found	*finden*
fly	flew	flown	*fliegen*
forget	forgot	forgotten	*vergessen*
forgive	forgave	forgiven	*vergeben*
freeze	froze	frozen	*(ge)frieren*
get	got	got	*bekommen; werden*
give	gave	given	*geben*
go	went	gone	*gehen*
grow	grew	grown	*wachsen*
hang	hung	hung	*hängen*
have	had	had	*haben*
hear	heard	heard	*hören*

Grundform	Einfache Vergangenheit	Mittelwort der Vergangenheit	
hide	hid	hidden	*verstecken*
hit	hit	hit	*schlagen*
hold	held	held	*halten*
hurt	hurt	hurt	*verletzen*
keep	kept	kept	*(be)halten*
know	knew	known	*kennen; wissen*
lay	laid	laid	*legen*
lead	led	led	*führen*
leave	left	left	*(ver)lassen*
lend	lent	lent	*leihen*
let	let	let	*(zu)lassen*
lie	lay	lain	*liegen*
light	lit	lit	*anzünden*
lose	lost	lost	*verlieren*
make	made	made	*machen*
mean	meant	meant	*bedeuten*
meet	met	met	*treffen, begegnen*
pay	paid	paid	*(be)zahlen*
put	put	put	*stellen, legen, setzen*
read [ri:d]	read [red]	read [red]	*lesen*
ride	rode	ridden	*reiten, fahren (Rad)*
ring	rang	rung	*klingeln; anrufen*
run	ran	run	*rennen, laufen*
say	said	said	*sagen*
see	saw	seen	*sehen*
sell	sold	sold	*verkaufen*
send	sent	sent	*senden, schicken*
sew	sewed	sewn	*nähen*
shake	shook	shaken	*schütteln*
shine	shone	shone	*scheinen*
shoot	shot	shot	*schießen*
show	showed	shown	*zeigen*
shut	shut	shut	*schließen*
sing	sang	sung	*singen*
sink	sank	sunk	*sinken*
sit	sat	sat	*sitzen*
sleep	slept	slept	*schlafen*
speak	spoke	spoken	*sprechen*
spend	spent	spent	*(Geld) ausgeben; verbringen*
stand	stood	stood	*stehen*
steal	stole	stolen	*stehlen*
stick	stuck	stuck	*kleben*
swim	swam	swum	*schwimmen*
swing	swung	swung	*schwingen*

Grundform	Einfache Vergangenheit	Mittelwort der Vergangenheit	
take	took	taken	*nehmen*
teach	taught	taught	*lehren, unterrichten*
tear	tore	torn	*reißen*
tell	told	told	*sagen, erzählen*
think	thought	thought	*denken*
throw	threw	thrown	*werfen*
wake	woke	woken	*wecken, aufwachen*
wear	wore	worn	*tragen (Kleidung)*
win	won	won	*gewinnen*
write	wrote	written	*schreiben*

Die Lautschrift

Selbstlaute

iː	tea, we, sweets	ɑː	bath, class, after	ɔː	or, small, four
uː	two, blue, room	ɜː	work, her, first	ɪ	in, big, tip
e	yes, pen, head	æ	black, cat, hand	ʌ	rubber, bus, love
ɒ	on, dog, watch	ʊ	book, good, would	ə	again, sister, terrific
eɪ	eight, name, play	aɪ	my, time, high	ɔɪ	boy, noisy, toilet
əʊ	only, no, yellow	aʊ	now, house, sound	ɪə	here, we're, clear
eə	there, repair, wear	ʊə	you're, tourist, sure		

Mitlaute

p	pen, pupil, crisp	v	very, November, save	ʤ	Jim, cages, garage
b	bike, table, Bob	w	we, homework, quarter	j	yes, you, year
t	ten, better, sit	s	six, December, yes	ŋ	helping, evening
d	dog, window, record	z	zoo, present, his	θ	three, both, month
k	car, ticket, book	ʒ	usual, television, leisure	ð	the, father, with
g	good, again, dog	ʃ	she, washes, English	l	like, old, small
r	ruler, children, drive	ʧ	church, catch, teach		

Das Alphabet

a	**b**	**c**	**d**	**e**	**f**	**g**	**h**	**i**	**j**	**k**	**l**	**m**
eɪ	biː	siː	diː	iː	ef	dʒiː	eɪtʃ	aɪ	dʒeɪ	keɪ	el	em
n	**o**	**p**	**q**	**r**	**s**	**t**	**u**	**v**	**w**	**x**	**y**	**z**
en	əʊ	piː	kjuː	ɑː	es	tiː	juː	viː	'dʌbljuː	eks	waɪ	zed

Grammatische Begriffe

in diesem Buch	andere Bezeichnungen	Englisch
Aufforderung	Imperativ, Befehlsform	*imperative, command*
Aussagesatz		*statement*
Bedingungssatz	Konditionalsatz	*conditional sentence*
Begleiter	Artikel, Geschlechtswort	*article*
besitzanzeigendes Fürwort	Possessivpronomen (adjektivisch)	*possessive adjective*
	Possessivpronomen (nominal)	*possessive pronoun*
Besitzform	Genitiv, Wesfall	*possessive form*
Bezugssatz	Relativsatz	*relative clause*
Bindewort	Konjunktion	*conjunction*
Eigenschaftswort	Adjektiv, Wiewort	*adjective*
einfache Gegenwart	einfache Form des Präsens	*simple present*
einfache Vergangenheit		*simple past*
Einzahl	Singular	*singular*
Frage(satz)		*question*
Fürwort	Pronomen	*pronoun*
Grundform	Infinitiv	*infinitive*
Hauptwort	Nomen, Substantiv	*noun*
Hilfszeitwort	Hilfsverb	*auxiliary verb*
hinweisendes Fürwort	Demonstrativpronomen	*demonstrative adjective, demonstrative pronoun*
Leideform	Passiv	*passive*
Mehrzahl	Plural	*plural*
Mittelwort der Vergangenheit	Partizip II, Partizip Perfekt	*past participle*
nichtwörtliche Rede	indirekte Rede	*reported speech*
persönliches Fürwort	Personalpronomen	*personal pronoun*
rückbezügliches Fürwort	Reflexivpronomen	*reflexive pronoun*
Satz		*sentence*
Umstandswort	Adverb	*adverb*
(un)bestimmter Begleiter	(un)bestimmter Artikel	*(in)definite article*
(un)regelmäßiges Zeitwort	(un)regelmäßiges Verb	*(ir)regular verb*
Vergangenheitsform	Präteritum	*past tense*
Verhältniswort	Präposition	*preposition*
Verlaufsform der Gegenwart	Verlaufsform des Präsens	*present progressive*
Verlaufsform der Vergangenheit		*past progressive*
vollendete Gegenwart	Perfekt	*present perfect*
Vorvergangenheit	Plusquamperfekt	*past perfect*
Zeitform	Zeit, Tempus	*tense*
Zeitwort	Verb, Tätigkeitswort	*verb*
Zukunftsform	Futur	*future tense*

Register

J

K

L

M

N

O

P

Q